生产技改大修项目管理题库

（提升篇）

国网安徽省电力有限公司设备管理部
国网安徽省电力有限公司滁州供电公司　编

合肥工業大學出版社

图书在版编目(CIP)数据

生产技改大修项目管理题库．提升篇/国网安徽省电力有限公司设备管理部，国网安徽省电力有限公司滁州供电公司编．—合肥：合肥工业大学出版社，2021.8

ISBN 978-7-5650-5379-5

Ⅰ ①生… Ⅱ.①国…②国… Ⅲ.①电网—技改工程—中国—习题集 Ⅳ.①F426.61-44

中国版本图书馆 CIP 数据核字(2021)第 146643 号

生产技改大修项目管理题库(提升篇)

国网安徽省电力有限公司设备管理部
国网安徽省电力有限公司滁州供电公司 编

责任编辑	张择瑞
出版发行	合肥工业大学出版社
地　　址	(230009)合肥市屯溪路 193 号
网　　址	www.hfutpress.com.cn
电　　话	理工图书出版中心：0551-62903204
	营销与储运管理中心：0551-62903198
开　　本	710 毫米×1000 毫米 1/16
印　　张	6.25
字　　数	113 千字
版　　次	2021 年 8 月第 1 版
印　　次	2021 年 8 月第 1 次印刷
印　　刷	安徽联众印刷有限公司
书　　号	ISBN 978-7-5650-5379-5
定　　价	30.00 元

如果有影响阅读的印装质量问题，请与出版社营销与储运管理中心联系调换。

《生产技改大修项目管理题库（提升篇）》编委会

主任委员	王　坤　徐宝华
副主任委员	张　健　刘　锋　王　斌　汤建华
主　　编	黄道友　罗　沙
副 主 编	康　健　方登洲　蒋　伟
参编人员	郑　浩　张征凯　王　翀　钟　跃
	卢海亮　刘　帅　于启万　白天宇
	叶望芬　张　翼　方　胜　陈龙庆
	白　涧　陆荣建　刘晓淞　李宝东
	吴应华　杨明芳　陈　信　李志飞
	马　艳　周　亚　井　霞　武先明
	张玉清　吴东来　张家海　陈腾飞
	汪伟伟　何海涛　项治国　唐怀东
	任新丁　陈胜东　罗红波　徐旭东
	李志鹏　吕孝平　靳继斌　秦少瑞
	周少波　金　勇　聂小涛　牛永志
	胡啸宇

前　言

为提高生产技改大修管理人员的管理水平，加强生产技改大修项目全过程管理，帮助相关人员掌握有关知识，特组织编制该习题集。

本书对供电企业的生产技改大修项目的知识进行整理汇编，强化相关知识的掌握，本题库涵盖目前变电运检新进人员、专门从事技改大修的管理人员以及运检专业各类实施人员的相关技能和知识的培训内容，主要涵盖了电网生产技术改造项目造价管理、电网生产技术改造项目质量管理、电网生产技术改造项目招投标管理、电网生产技术改造项目进度管理、电网生产技术改造项目合同管理、电网生产技术改造项目信息和档案管理、电网生产技术改造项目竣工管理的相关知识。本书中涉及的电网类设备主要包括输电线路、变电设备（主变压器、换流设备、开关类设备、补偿装置等主设备）、配电线路及设备、二次设备（继电保护、自动化、通信等）、智能巡检机器人等。本书坚持目标导向、问题导向和结果导向，全面总结"十三五"电网生产技术改造实施情况，梳理电网设备存在的问题，深入查找事故隐患，应用先进适用技术，强化科学、稳健、精准投资，提出电网生产技术改造目标和重点，科学测算改造规模投资，合理预判改造成效。帮助相关人员掌握生产技改大修相关规章、流程，提升对电网改造维修的理解和落实，更好地因地制宜加强电网设备隐患治理、反措落实和老旧设备改造，切实提升电网设备本质安全水平；更好地开展电网设备智能化信息化、互动化改造，提高设备运维管控能力，切实提升电网设备管理水平；更好地科学估算投资规模，强化规划与计划衔接，融合电网实物资产分析、技改项目造价分析和后评价成果，提高项目精准投资水平。

在充分调研全省生产技改大修项目管理现状的基础上，学习其他省级电力公司的先进经验，巩固提升国网安徽省电力公司生产技改大修项目全过程管理工作。编写本书不仅可有效解决技改大修管理人员日常工作难题,而且可使新上岗人员快速学习管理业务知识,尽快适应岗位工作需要。本书的题型包括选择题、判断题,可帮助受训人员巩固各阶段所学技能,提升技能水平,同时适用于相关专业职业资格和技能等级证书考评,满足国网公司打造"全科医生""专科医生"的要求。

由于编者水平所限,书中难免有疏漏和不足之处,恳请读者批评指正。

编　者

2021年6月

目　　录

第一章　电网生产技术改造全过程风险管控习题

一、单选题

1. 储备项目库建设主要业务包括(　　)、项目评审批复、项目储备入库三项工作。

(A)项目可研编制　　(B)备用包拆分

(C)项目计划审核　　(D)项目计划下达　　答案:A。

2. 储备项目库建设主要业务包括项目可研编制、(　　)、项目储备入库三项工作。

(A)项目评审批复　　(B)备用包拆分

(C)项目计划审核　　(D)项目计划下达　　答案:A。

3. 储备项目库建设主要业务包括项目可研编制、项目评审批复、(　　)三项工作。

(A)项目储备入库　　(B)备用包拆分

(C)项目计划审核　　(D)项目计划下达　　答案:A。

4. 在项目储备计划阶段储备项目库建设环节中应分季度制定储备项目库建设目标,将建设进度情况纳入评价考核的责任人是(　　)。

(A)专业管理人员　　(B)计划专职

(C)运检部负责人　　(D)设计单位人员　　答案:B。

5. 在项目储备计划阶段储备项目库建设环节中应建立可研评审专家库,明确各级经研院(所)、评审专家评审责任的责任人是(　　)。

(A)专业管理人员　　(B)计划专职

(C)运检部负责人　　(D)设计单位人员　　答案:C。

6. 项目计划主要业务包括(　　)、审核、下达、调整生产技改大修项目年度计划和预算,及时做好备用包项目拆分和管理等工作。

(A)编制　　(B)建设

(C)申请　　(D)批复　　答案:A。

7. 项目计划主要业务包括编制、(　　)、下达、调整生产技改大修项目年度计划和预算,及时做好备用包项目拆分和管理等工作。

(A)建设　　(B)审核

(C)申请　　(D)批复　　答案:B。

8. 项目计划主要业务包括编制、审核、(　　)、调整生产技改大修项目年度计划和预算,及时做好备用包项目拆分和管理等工作。

(A)建设　　(B)评审

(C)批复　　(D)下达　　答案:D。

9. 在项目储备计划阶段,项目计划环节建立项目分级评价机制,在编制计划时根据分级评价结果下达项目的责任人是(　　)。

(A)专业管理人员　　(B)计划专职

(C)运检部负责人　　(D)设计单位人员　　答案:C。

10. 在项目储备计划阶段,项目计划环节每月动态组织开展备用包项目评审,按项目紧急程度安排下达计划的责任人是(　　)。

(A)专业管理人员　　(B)计划专职

(C)运检部负责人　　(D)设计单位人员　　答案:B。

11. 开工准备主要包括(　　)、节点进度计划编制、初步(施工)设计、需求提报、合同签订、方案审查、物料供应七个关键环节。

(A)审核服务合同　　(B)现场查勘

(C)项目负责人确定　　(D)管理考核　　答案:C。

12. 开工准备主要包括项目负责人确定、(　　)、初步(施工)设计、需求提报、合同签订、方案审查、物料供应七个关键环节。

(A)节点进度计划编制　　(B)审核服务合同

(C)现场查勘　　(D)管理考核　　答案:A。

13. 开工准备主要包括项目负责人确定、节点进度计划编制、(　　)、需求提报、合同签订、方案审查、物料供应七个关键环节。

(A)建立项目负责人库　　(B)初步(施工)设计

(C)现场查勘　　(D)管理考核　　答案:B。

14. 开工准备主要包括项目负责人确定、节点进度计划编制、初步(施工)设计、(　　)、合同签订、方案审查、物料供应七个关键环节。

(A)审核服务合同　　(B)需求提报

(C)现场查勘　　(D)管理考核　　答案:B。

15. 开工准备主要包括项目负责人确定、节点进度计划编制、初步(施工)设计、需求提报、(　　)、方案审查、物料供应七个关键环节。

(A)审核服务合同　　(B)现场查勘

(C)管理考核　　(D)合同签订　　答案:D。

16. 开工准备主要包括项目负责人确定、节点进度计划编制、初步(施工)设计、需求提报、合同签订、(　　)、物料供应七个关键环节。

(A)方案审查　　(B)现场查勘

(C)管理考核　　(D)审核服务合同　　答案:A。

17. 开工准备主要包括项目负责人确定、节点进度计划编制、初步(施工)设计、需求提报、合同签订、方案审查、(　　)七个关键环节。

(A)现场查勘　　(B)物料供应

(C)审核服务合同　　(D)管理考核　　答案:B。

18. 在开工准备阶段,项目负责人确定环节问题易发点的是(　　)。

(A)项目负责人履职不到位

(B)项目评审把关不严

(C)储备项目库建设进度滞后

(D)节点进度计划编制不合理

答案:A。

19. 下面不属于开工准备阶段,初步(施工)设计环节问题易发点的是(　　)。

(A)设计单位支撑力量不足　(B)项目负责人履职不到位
(C)项目设计编制质量不高　(D)初设与可研偏差过大

答案:B。

20. 在开工准备阶段,节点进度计划编制环节问题易发点的是(　　)。
(A)项目负责人履职不到位　(B)项目评审把关不严
(C)节点进度计划编制不合理　(D)储备项目库建设进度滞后

答案:C。

21. 下面不属于在开工准备阶段,需求提报环节项目需求应报未报、漏报主要问题成因的是(　　)。
(A)物料及服务编码选择不正确　(B)招标文件编制不及时
(C)错过申报批次　(D)采购方式不满足要求

答案:D。

22. 下面不属于在开工准备阶段,需求提报环节需求提报跟踪应对措施的是(　　)。
(A)督促物资部门加强物料需求提报审查工作,必要时组织项目单位、设计单位开展需求提报、招标文件集中会审;项目负责人对审查发现的问题及时进行整改
(B)项目单位安排专人跟踪ERP、ECP系统中采购申请审批状态;采购申请、技术规范书需退回修改时,物资管理人员应通知计划专职和项目负责人,要求项目负责人对被退回的采购申请及时修改上报,计划专职督促到位
(C)注意物资招标方式选择,明确物资数量、交货地点及方式、交货日期等内容,技术规范书内容编制正确
(D)与物资部协商建立流标物资通报、补报机制;及时将流标物资通过再次招标或非招标方式进行采购,避免工期延误

答案:C。

23. 服务合同签订主要业务包括(　　)、审核服务合同,完成经法系统合同线上审批流转,完成合同线下签订等工作。
(A)组织编制物资　(B)编制
(C)服务招标计划安排　(D)组织编制物资、服务需求清单

答案:B。

24. 服务合同签订主要业务包括编制、(　　),完成经法系统合同线上审批流转,完成合同线下签订等工作。

(A)审核服务合同　(B)组织编制物资
(C)服务招标计划安排　(D)组织编制物资、服务需求清单

答案:A。

25. 服务合同签订主要业务包括编制、审核服务合同,(　　),完成合同线下签订等工作。

(A)组织编制物资
(B)服务招标计划安排
(C)完成经法系统合同线上审批流转
(D)组织编制物资、服务需求清单

答案:C。

26. 服务合同签订主要业务包括编制、审核服务合同,完成经法系统合同线上审批流转,(　　)等工作。

(A)组织编制物资　(B)服务招标计划安排
(C)组织编制物资、服务需求清单　(D)完成合同线下签订

答案:D。

27. 下面不属于在开工准备阶段,服务合同签订环节合同签订不规范主要问题成因的是(　　)。

(A)以双方协议代替合同　(B)无中标通知书签订合同
(C)先开工后签合同　(D)选取合同模板不合理

答案:D。

28. 下面属于在开工准备阶段,服务合同签订环节合同编制不规范主要问题成因的是(　　)。

(A)合同条款填写不全面　(B)未经过经法系统合同审查流程
(C)合同签订不及时　(D)先开工后签合同

答案:A。

29. 在开工准备阶段,服务合同签订环节做好合同签订基础资料(中标通知书等)收集,确保合同签订所需基础资料准备齐全完备的责任人是(　　)。

(A)专业管理人员　(B)计划专职
(C)项目负责人　(D)设计单位人员

答案:C。

30. 方案审查环节主要业务包括(　　),督促施工单位及时编制施工方案,

开展施工方案审查、跟踪方案是否按照审查意见修改等工作。

(A)物料供应 (B)需求提报

(C)审核服务合同 (D)项目单位组织开展现场查勘

答案:D。

31. 方案审查环节主要业务包括项目单位组织开展现场查勘,(　　),开展施工方案审查、跟踪方案是否按照审查意见修改等工作。

(A)督促施工单位及时编制施工方案

(B)物料供应

(C)需求提报

(D)审核服务合同

答案:A。

32. 方案审查环节主要业务包括项目单位组织开展现场查勘,督促施工单位及时编制施工方案,(　　)、跟踪方案是否按照审查意见修改等工作。

(A)物料供应 (B)开展施工方案审查

(C)审核服务合同 (D)需求提报

答案:B。

33. 方案审查环节主要业务包括项目单位组织开展现场查勘,督促施工单位及时编制施工方案,开展施工方案审查、(　　)等工作。

(A)审核服务合同

(B)物料供应

(C)跟踪方案是否按照审查意见修改

(D)需求提报

答案:C。

34. 项目进行风险管理的第一步是(　　)。

(A)风险评估 (B)风险控制

(C)风险响应 (D)风险识别

答案:D。

35. 索赔的依据主要有:合同文件、法律、法规和(　　)。

(A)双方的口头承诺 (B)人证

(C)照片 (D)工程建设惯例

答案:C。

36. 图纸错误导致设计变更而引起的停工责任由(　　)负责。

(A)业主 (B)项目技术人员

(C) 项目经理　　(D)承包方　　答案:A。

37. 当项目目标失控时,首先应考虑(　　)方面存在的问题。

(A)组织　　(B)管理

(C)技术　　(D) 经济　　答案:A。

38. 控制项目目标的主要措施中最主要的是(　　)。

(A)管理措施　　(B)经济措施

(C)组织措施　　(D)技术措施　　答案:C。

39. 项目管理作为一门学科 30 多年来在不断发展,该学科的第四代是(　　)。

(A)传统的项目管理　　(B)全过程管理

(C)组合管理　　(D)变化管理　　答案:D。

40. 自然灾害属于(　　)。

(A)工程环境风险　　(B)技术风险

(C)组织风险　　(D)经济与管理风险　　答案:A。

41. 不确定的损失程度和损失发生的概率称为(　　)。

(A)风险　　(B)危险

(C)风险量　　(D)风险系数　　答案:C。

二、多选题

1. 储备项目库建设主要业务包括(　　)。

(A)项目可研编制　　(B)项目评审批复

(C)项目储备入库　　(D)项目计划下达　　答案:ABC。

2. 下列选项中,在储备项目库建设环节的主要问题有(　　)。

(A)项目立项不精准　　(B)项目编制质量不高

(C)项目评审把关不严　　(D)储备项目库建设进度滞后

答案:ABCD。

3. 下列选项中,在储备项目库建设环节项目立项不精准的主要原因有(　　)。

(A)生产技改大修储备重点执行性不强,未按生产技改大修储备重点编制项目

(B)项目边界错误、打捆错误

(C)项目立项未充分应用设备状态评价、反措问题排查以及各类专项隐患排查等专业工作成果

(D)项目重复立项　　答案:ACD。

4. 下列选项中,在储备项目库建设环节项目编制质量不高的主要原因有(　　)。

(A)项目边界错误、打捆错误

(B)项目可行性研究报告(项目建议书)未按规定模板编制

(C)项目未编制估算或估算费用不合理

(D)项目关键字段填报不规范　　答案:ABCD。

5. 下列选项中,在储备项目库建设环节项目评审把关不严的主要原因包括(　　)。

(A)经研院(所)、专业管理人员、财务人员参与深度不足

(B)储备项目评审准备不充分、未按照标准进行评审

(C)评审修改意见未形成闭环

(D)项目未经评审即入库　　答案:ABCD。

6. 下列选项中，在储备项目库建设环节储备项目库建设进度滞后的主要原因包括(　　)。

(A)储备项目评审准备不充分、未按照标准进行评审

(B)通过评审的项目未及时批复并入库

(C)上年度储备项目未按要求复核并结转

(D)评审修改意见未形成闭环　答案：BC。

7. 下列选项中，在储备项目库建设环节项目立项不精准的应对措施有(　　)。

(A)由运检部牵头组织各专业，在年初发布符合本单位实际的年度生产技改大修项目立项重点、原则，确保其对项目储备的指导性

(B)坚持问题导向，充分运用状态评价、反措问题排查、隐患排查等工作成果，以隐患问题储备立项销号式管理确保项目精准立项

(C)按公司下发的统一模板，开展可研报告(项目建议书)编制工作；逐步形成本单位典型项目可研报告(项目建议书)范本库，并每年修编

(D)对5年内的生产技改大修项目计划进行排查，判断是否存在重复立项情况　答案：ABD。

8. 下列选项中，在储备项目库建设环节项目编制质量不良的应对措施有(　　)。

(A)严格按照公司生产技改大修管理规定及审查要点，对项目性质、范围、打捆方式等进行初审，不符合要求的不得立项

(B)按公司下发的统一模板，开展可研报告(项目建议书)编制工作；逐步形成本单位典型项目可研报告(项目建议书)范本库，并每年修编

(C)加强对可研报告(项目建议书)编制人员的培训工作，组织可研编写人员加强现场踏勘，严格按照可研编制与评审管理规定进行可研编制

(D)依据公司、行业相关标准、定额及上年度同类设备中标价等合理编制项目估算书，严禁随意估列费用　答案：ABCD。

9. 下列选项中，在储备项目库建设环节项目编制质量不良的应对措施有(　　)。

(A)建立可研评审专家库，明确各级经研院(所)、评审专家评审责任

(B)制订项目可研评审计划，督促各级经研院(所)做好参与评审专家的抽取工作

(C)项目单位向上级单位提报项目可研评审申请前,应进行初审,确保项目可研质量,并在评审前提报可研相关资料。

(D)对 PMS2.0 系统线上项目填报关键字段开展自查及互查工作,检查结果纳入绩效考核评价 答案:ABC。

10. 下列选项中,在储备项目库建设环节项目储备项目库建设进度滞后的应对措施有(　　)。

(A)分季度制定储备项目库建设目标,将建设进度情况纳入评价考核

(B)严格按审批权限进行可研批复,已批复项目及时转入储备库,避免突击评审、突击入库现象

(C)评审人员覆盖项目所涉及的专业,熟悉项目建设、管理、财务、技术及造价等相关规定

(D)每年年初组织对上年储备项目进行复核,复核通过的项目结转至当年储备库,不通过项目转出储备库 答案:ABD。

11. 依据公司、行业相关标准,定额及上年度同类设备中标价等合理编制项目估算书,严禁随意估列费用的工作责任人有(　　)。

(A)设计单位人员 (B)专业管理人员

(C)计划专职 (D)经研院评审人员 答案:AB。

12. 项目单位向上级单位提报项目可研评审申请前,应进行初审,确保项目可研质量,并在评审前提报可研相关资料的工作责任人有(　　)。

(A)经研院评审人员 (B)设计单位人员

(C)专业管理人员 (D)计划专职 答案:ABCD。

13. 对 5 年内的生产技改大修项目计划进行排查,判断是否存在重复立项情况的工作责任人有(　　)。

(A)设计单位人员 (B)专业管理人员

(C)计划专职 (D)经研院评审人员 答案:BC。

14. 项目计划主要业务包含生产技改大修项目年度计划和预算的(　　)。

(A)编制 (B)审核

(C)下达 (D)调整 答案:ABCD。

15. 项目计划的主要业务有(　　)。
(A)编制、审核、下达、调整生产技改大修项目年度计划和预算
(B)项目可研编制
(C)建立项目负责人库
(D)及时做好备用包项目拆分和管理等工作　　答案:AD。

16. 在项目计划环节主要问题有(　　)。
(A)计划资金切块不合理　　(B)年度计划重复
(C)擅自调整年度计划及预算　　(D)不及时、不规范　　答案:ABCD。

17. 在项目计划环节不及时、不规范的主要成因有(　　)。
(A)项目调整未履行年度计划调整手续
(B)备用包项目边界错误,将长期隐患、基建增容等项目列入备用包
(C)计划资金超过 500 万的备用包项目未经国网备案
(D)未对各单位项目需求进行充分论证,未按照项目的轻重缓急下达计划
答案:BC。

18. 在项目计划环节备用包项目分解不及时、不规范的应对策略及措施有(　　)。
(A)每月动态组织开展备用包项目评审,按项目紧急程度安排下达计划
(B)明确列入备用包项目边界及要求,严格把控入库标准,需经相关专业人员审查同意
(C)加强储备库项目与往年综合计划的比对,项目内容重复的不予纳入年度计划
(D)建立考核机制,对未按照公司规定要求履行计划调整程序的,进行考核
答案:AB。

19. 加强储备库项目与往年综合计划的比对,项目内容重复的不予纳入年度计划的工作责任人有(　　)。
(A)设计单位人员　　(B)专业管理人员
(C)计划专职　　(D)经研院评审人员　　答案:BC。

20. 明确列入备用包项目边界及要求,严格把控入库标准,需经相关专业人员审查同意的工作责任人有(　　)。

(A)设计单位人员　　(B)专业管理人员
(C)计划专职　　(D)经研院评审人员　　答案:BC。

21. 开工准备除了包括项目负责人确定、节点进度计划编制、初步(施工)设计,还包含(　　)。
(A)需求提报　　(B)合同签订
(C)方案审查　　(D)物料供应　　答案:ABCD。

22. 项目负责人确定环节的主要业务包括(　　)。
(A)建立项目负责人库
(B)节点进度计划编制
(C)建立项目负责人的评价和奖惩机制
(D)做好项目负责人库中专家与项目的匹配工作　　答案:ACD。

23. 在开工准备阶段,项目负责人确定环节项目负责人履职不到位的主要问题成因有(　　)。
(A)项目负责人管理经验不足
(B)项目负责人责任心不强
(C)项目负责人承担项目过多,超出承载力
(D)未统筹考虑停电计划、物资供应等多种因素影响　　答案:ABC。

24. 在开工准备阶段,项目负责人确定环节项目负责人履职不到位的应对措施有(　　)。
(A)建立项目负责人的选拔、评价与奖惩机制
(B)在充分考虑项目负责人工作承载能力的基础上,做好项目负责人库中专家与项目的匹配工作
(C)加强项目负责人培训,提升项目负责人履职能力
(D)建立覆盖各生产专业的项目负责人库,并定期评价、考核项目负责人项目管理绩效　　答案:ABCD。

25. 在开工准备阶段,节点进度计划编制环节节点进度计划编制不合理的主要问题成因有(　　)。
(A)未统筹考虑停电计划、物资供应等多种因素影响
(B)编制人员对工程不熟悉,工序、工期安排不合理

(C)在充分考虑项目负责人工作承载能力的基础上,做好项目负责人库中专家与项目的匹配工作

(D)受绩效考核因素影响,部分工期预留裕度过大　　答案:ABD。

26. 在开工准备阶段,节点进度计划编制环节节点进度计划编制不合理的应对措施有(　　)。

(A)建立生产技改大修里程碑节点计划模板库。搜集整理往年已编制的工程进度计划以及实际执行情况,从中总结归纳规律,分专业类型建立进度计划模板

(B)收集物资部物资及服务招标批次计划和调控部门停电计划。在此基础上,统筹编制里程牌节点计划

(C)规范里程碑节点计划编制流程。按收集项目基本信息、项目内容分解、活动时间估算、逻辑关系分析编制项目进度计划、开展进度审查及发布六个步骤实施

(D)因物资供货、停电计划变更等因素影响确需进行节点计划调整的,定期滚动修编里程碑节点计划　　答案:ABCD。

27. 收集物资部物资及服务招标批次计划和调控部门停电计划,在此基础上,统筹编制里程牌节点计划的工作责任人有(　　)。

(A)计划专职　　(B)项目负责人

(C)专业管理人员　　(D)设计单位人员　　答案:BC。

28. 规范里程碑节点计划编制流程。按收集项目基本信息、项目内容分解、活动时间估算、逻辑关系分析编制项目进度计划、开展进度审查及发布六个步骤实施的工作责任人有(　　)。

(A)计划专职　　(B)项目负责人

(C)专业管理人员　　(D)设计单位人员　　答案:AB。

29. 因物资供货、停电计划变更等因素影响确需进行里程碑节点计划调整的,定期滚动修编里程碑节点计划的工作责任人有(　　)。

(A)计划专职　　(B)项目负责人

(C)专业管理人员　　(D)设计单位人员　　答案:AB。

30. 在开工准备阶段,初步(施工)设计环节问题易发点有(　　)。

(A)设计单位支撑力量不足
(B)项目设计编制质量不高
(C)初设(施工图纸)审查把关不严
(D)初设与可研偏差过大　　答案:ABCD。

31. 在开工准备阶段,初步(施工)设计环节设计单位支撑力量不足的主要问题成因有(　　)。
(A)项目设计人员能力欠缺
(B)造价不准确
(C)承担的设计任务过重,导致承载力不足
(D)可研深度不足,导致初设阶段技术方案大幅调整　　答案:AC。

32. 在开工准备阶段,初步(施工)设计环节项目设计编制质量不高的主要问题成因有(　　)。
(A)审查意见修改情况未进行后续跟踪
(B)现场勘察不到位导致技术方案与现场实际不符
(C)设计方案考虑不周全、可行性欠缺
(D)造价不准确　　答案:BCD。

33. 在开工准备阶段,初步(施工)设计环节初设(施工图纸)审查把关不严的主要问题成因有(　　)。
(A)审查人员对项目基本情况不熟悉
(B)专业人员、经研院(所)未充分参与初设审查
(C)可研深度不足,导致初设阶段技术方案大幅调整
(D)审查意见修改情况未进行后续跟踪　　答案:ABD。

34. 在开工准备阶段,初步(施工)设计环节设计单位支撑力量不足问题的应对措施有(　　)。
(A)要求中标设计单位配置具有足够设计水平的设计人员进行项目设计及设计审核
(B)在设计招标阶段按照项目规模合理分解每个标包规模;要求各设计单位在投标文件中明确设计人员工作量
(C)督促中标设计单位按照项目规模配置足够的设计人员驻点设计,确保设计力量充足

(D)收集物资最新中标价，严格按照电力工程造价相关规定编制概算，提高概算编制准确性　　答案：ABC。

35. 在开工准备阶段，初步(施工)设计环节项目设计编制质量不高问题的应对措施有(　　)。

(A)加强现场勘察工作，并做好相关记录，收集开展初步设计所需相关资料

(B)按照生产技术改造和设备大修项目初设编制深度要求开展初设编制，确定主要设备材料清单，做到技术方案切实可行、临时过渡方案明晰等

(C)要求中标设计单位配置具有足够设计水平的设计人员进行项目设计及设计审核

(D)收集物资最新中标价，严格按照电力工程造价相关规定编制概算，提高概算编制准确性　　答案：ABD。

36. 在开工准备阶段，初步(施工)设计环节初设(施工图纸)审查把关不严问题的应对措施有(　　)。

(A)对项目单位报审地市公司或省公司集中评审初设的项目，送审单位应先做好初审(内审)，并出具“初设内审纪要”后方可列入集中评审计划

(B)要求专业人员、经研院所全程参与初设(施工图纸)审查。重点审查项目工程量、取费标准、物资材料是否采用了公司标准物料等细节，对于发现的问题以书面形式反馈审查意见，做好初设审查意见的落实反馈跟踪，对完成修改的初设文件(施工图纸)及时组织复审

(C)要求选派的审查人员具有丰富经验，熟悉项目基本情况，提高初设审查人员履职能力

(D)对初设方案发生重大调整以及突破可研估算10%及以上的项目重新履行可研审批程序　　答案：ABC。

37. 在开工准备阶段，对初设方案发生重大调整以及突破可研估算10%及以上的项目重新履行可研审批程序的工作责任人有(　　)。

(A)计划专职　　(B)项目负责人

(C)专业管理人员　　(D)设计单位人员　　答案：BCD。

38. 在开工准备阶段，需求提报环节主要问题易发点有(　　)。

(A)项目需求应报未报、漏报　　(B)招标方式选择不合理

(C)设计单位支撑力量不足　　(D)需求提报跟踪　　答案：ABD。

39. 在开工准备阶段,需求提报环节项目需求应报未报、漏报问题的成因有(　　)。

(A)物资需求清单编制不全,年度物资招标范围变动频繁

(B)物料及服务编码选择不正确

(C)招标文件编制不及时

(D)错过申报批次　　答案:ABCD。

40. 在开工准备阶段,需求提报环节招标方式选择不合理问题的成因有(　　)。

(A)以替代物料或拆分项目等形式规避物资及非物资招投标

(B)物料及服务编码选择不正确

(C)需求提报审批把关不严

(D)采购方式不满足要求　　答案:AD。

41. 在开工准备阶段,需求提报环节需求提报跟踪问题的成因有(　　)。

(A)物料及服务编码选择不正确

(B)需求提报审批把关不严

(C)对 ERP 采购申请审批环节未进行跟踪

(D)采购方式不满足要求　　答案:BC。

42. 下列选项中,在开工准备阶段,需求提报环节项目需求应报未报、漏报问题的应对措施有(　　)。

(A)前期可研阶段落实设备材料表编制需求。项目可研报告应编制详细的设备材料清单,且满足招标要求

(B)提高标准化物料应用。项目单位督促设计单位在项目物料选择时,优先选取公司物资部门公布的标准化物料、固化 ID 物料,确保物料选择合理,正确

(C)由设计单位做好物资及服务技术规范书。设计单位编制的技术规范书要符合物资部门相关要求,并结合项目初设审查对技术规范书同步进行审查,以确保项目下达即具备物资申报条件

(D)采取框架招标方式的服务需求在采购后应做好服务匹配工作,确保各框架中标单位工作量分配合理　　答案:ABCD。

43. 下列选项中,在开工准备阶段,需求提报环节项目需求应报未报、漏报

问题的应对措施有（　　）。

（A）采取框架招标方式的服务需求在采购后应做好服务匹配工作，确保各框架中标单位工作量分配合理

（B）每年项目计划下达后，项目单位应明确所有技改大修项目物资及服务的采购方式、批次、申报时间及招标时间、物资供应到货预期，核对物资及服务采购无漏项

（C）计划管理人员在批次开放后，督促项目负责人及时在ERP系统中录入物资及服务采购申请

（D）采购方式不满足要求　　答案：ABC。

44. 在开工准备阶段，需求提报环节招标方式选择不合理问题的应对措施有（　　）。

（A）提高标准化物料应用。项目单位督促设计单位在项目物料选择时，优先选取公司物资部门公布的标准化物料、固化ID物料，确保物料选择合理，正确。

（B）注意物资招标方式选择，明确物资数量、交货地点及方式、交货日期等内容，技术规范书内容编制正确

（C）计划管理人员在批次开放后，督促项目负责人及时在ERP系统中录入物资及服务采购申请

（D）严格按照公司服务采购相关管理规定开展招标、谈判等服务采购工作

答案：BD。

45. 在开工准备阶段，需求提报环节需求提报跟踪问题的应对措施有（　　）。

（A）督促物资部门加强物料需求提报审查工作，必要时组织项目单位、设计单位开展需求提报、招标文件集中会审；项目负责人对审查发现的问题及时进行整改

（B）项目单位安排专人跟踪ERP、ECP系统中采购申请审批状态；采购申请、技术规范书需退回修改时，物资管理人员应通知计划专职和项目负责人，要求项目负责人对被退回的采购申请及时修改上报，计划专职督促到位

（C）与物资部协商建立流标物资通报、补报机制，及时将流标物资通过再次招标或非招标方式进行采购，避免工期延误

（D）注意物资招标方式选择，明确物资数量、交货地点及方式、交货日期等

内容,技术规范书内容编制正确 答案:ABC。

46. 在开工准备阶段,计划管理人员在批次开放后,督促项目负责人及时在ERP系统中录入物资及服务采购申请的工作责任人有(　　)。

(A)项目负责人 (B)物资管理人员

(C)计划专职 (D)设计单位人员 答案:AB。

47. 在开工准备阶段,注意物资招标方式选择,明确物资数量、交货地点及方式、交货日期等内容,技术规范书内容编制正确的工作责任人有(　　)。

(A)项目负责人 (B)物资管理人员

(C)计划专职 (D)设计单位人员 答案:AB。

48. 在开工准备阶段,与物资部协商建立流标物资通报、补报机制。及时将流标物资通过再次招标或非招标方式进行采购,避免工期延误的工作责任人有(　　)。

(A)项目负责人 (B)物资管理人员

(C)计划专职 (D)设计单位人员 答案:AC。

49. 在开工准备阶段,每年项目计划下达后,项目单位应明确所有技改大修项目物资及服务的采购方式、批次、申报时间及招标时间、物资供应到货预期,核对物资及服务采购无漏项的工作责任人有(　　)。

(A)项目负责人 (B)物资管理人员

(C)计划专职 (D)设计单位人员 答案:ABC。

50. 在开工准备阶段,采取框架招标方式的服务需求在采购后应做好服务匹配工作,确保各框架中标单位工作量分配合理的工作责任人有(　　)。

(A)项目负责人 (B)物资管理人员

(C)计划专职 (D)设计单位人员 答案:AC。

51. 在开工准备阶段,由设计单位做好物资及服务技术规范书。设计单位编制的技术规范书要符合物资部门相关要求,并结合项目初设审查对技术规范书同步进行审查,以确保项目下达即具备物资申报条件的工作责任人有(　　)。

(A)项目负责人 (B)物资管理人员

(C)计划专职 (D)设计单位人员 答案:AD。

52. 在开工准备阶段,服务合同签订主要业务有( )。

(A)编制、审核服务合同 (B)经法系统合同线上审批流转

(C)合同线下签订 (D)服务需求提报 答案:ABC。

53. 在开工准备阶段,服务合同签订环节问题易发点有( )。

(A)需求应报未报、漏报 (B)合同编制不规范

(C)合同签订不规范 (D)招标方式选择不合理 答案:BC。

54. 在开工准备阶段,服务合同签订环节合同编制不规范问题的成因有( )。

(A)先开工后签合同 (B)选取合同模板不合理

(C)合同签订不及时 (D)合同条款填写不全面 答案:BC。

55. 在开工准备阶段,服务合同签订环节合同签订不规范问题的成因有( )。

(A)未经过经法系统合同审查流程

(B)以双方协议代替合同

(C)无中标通知书签订合同

(D)先开工后签合同,合同签订不及时 答案:ABCD。

56. 下列选项中,在开工准备阶段,服务合同签订环节合同编制不规范问题的应对措施有( )。

(A)加强合同制度要求的宣贯力度,抓好合同人员业务水平培训工作,提升合同编审人员素质

(B)严格采用国网公司最新下发的“统一合同文本”,对其中的合同价款支付、合同违约、争议、特殊条款等内容在合同文本的“专用条款”或“特别约定”中进行明确

(C)合同应经经法系统流转;签订合同时应同步检查经法系统是否有合同流转记录及流转程序是否完成,不满足要求的合同不得履行签订手续

(D)项目单位应在中标通知书下达30日内完成合同签订,合同签订后方可委托供应商开展相关工作 答案:AB。

57. 下列选项中,在开工准备阶段,服务合同签订环节合同签订不规范问题的应对措施有( )。

(A)做好合同签订基础资料(中标通知书等)收集,确保合同签订所需基础资料准备齐全完备

(B)合同应经经法系统流转;签订合同时应同步检查经法系统是否有合同流转记录及流转程序是否完成,不满足要求的合同不得履行签订手续

(C)项目单位组织法律、物资、财务、监察审计等专业部门按照《国家电网公司合同管理办法》的要求,对项目单位编制的合同进行审核,审核结果纳入项目完成质量评价考核

(D)项目单位应在中标通知书下达30日内完成合同签订,合同签订后方可委托供应商开展相关工作　　答案:ABCD。

58. 在开工准备阶段,严格采用国网公司最新下发的"统一合同文本",对其中的合同价款支付、合同违约、争议、特殊条款等内容在合同文本的"专用条款"或"特别约定"中进行明确的工作责任人有( )。

(A)项目负责人　　(B)物资管理人员

(C)计划专职　　(D)经法管理人员　　答案:AD。

59. 在开工准备阶段,合同应经经法系统流转;签订合同时应同步检查经法系统是否有合同流转记录及流转程序是否完成,不满足要求的合同不得履行签订手续的工作责任人有( )。

(A)项目负责人　　(B)物资管理人员

(C)计划专职　　(D)经法管理人员　　答案:AD。

60. 在开工准备阶段,项目单位应在中标通知书下达30日内完成合同签订,合同签订后方可委托供应商开展相关工作的工作责任人有( )。

(A)项目负责人　　(B)物资管理人员

(C)计划专职　　(D)经法管理人员　　答案:AC。

61. 在开工准备阶段,方案审查环节主要业务有( )。

(A)项目单位组织开展现场查勘

(B)督促施工单位及时编制施工方案

(C)施工方案审查

(D)跟踪施工方案是否按照审查意见修改　　答案:ABCD。

62. 在开工准备阶段，方案审查环节问题易发点有(　　)。

(A)设计编制质量不高　　(B)施工方案编制不完善

(C)施工方案审查流于形式　　(D)合同签订不规范　　答案：BC。

63. 在开工准备阶段，方案审查环节施工方案编制不完善的问题成因有(　　)。

(A)方案编制未经现场查勘，脱离现场实际

(B)专业部门未参与审查，审查深度不够

(C)施工方案编制简单，指导性不强

(D)施工方案未按照审查意见修改　　答案：AC。

64. 在开工准备阶段，方案审查环节施工方案审查流于形式的问题成因有(　　)。

(A)方案编制未经现场查勘，脱离现场实际

(B)专业部门未参与审查，审查深度不够

(C)施工方案编制简单，指导性不强

(D)施工方案未按照审查意见修改　　答案：BD。

65. 在开工准备阶段，方案审查环节施工方案编制不完善问题的应对措施有(　　)。

(A)项目单位在前期可研阶段严格论证项目必要性及项目可行性，防止施工期间实施内容和技术方案大幅度调整，对施工方案编制造成不利影响

(B)明确技改大修项目施工方案编制内容深度要求。结合目前公司各专业相关管理规定及技术标准要求，制订各类施工方案内容深度要求，规范施工方案编审要求，提高方案编制水平

(C)项目负责人组织施工单位做好施工现场勘查并填写现场勘察记录

(D)施工单位方案编制质量纳入施工单位评价管理考核，并作为项目费用结算及今后招投标依据　　答案：ABCD。

66. 在开工准备阶段，方案审查环节施工方案审查流于形式问题的应对措施有(　　)。

(A)明确技改大修项目施工方案编制内容深度要求。结合目前公司各专业相关管理规定及技术标准要求，制订各类施工方案内容深度要求，规范

施工方案编审要求,提高方案编制水平

(B)选派经验丰富、熟悉项目现场情况专业人员共同参与施工方案审查,提高审查人员履职能力

(C)监理人员按规定开展方案审查工作,对审查发现问题、整改意见及时安排施工单位进行修改,做好后续跟踪反馈,必要时安排复审

(D)施工单位方案编制质量纳入施工单位评价管理考核,并作为项目费用结算及今后招投标依据 答案:BC。

67. 在开工准备阶段,施工单位方案编制质量纳入施工单位评价管理考核,并作为项目费用结算及今后招投标依据的工作责任人有( )。

(A)项目负责人 (B)物资管理人员

(C)计划专职 (D)经法管理人员 答案:AB。

68. 在开工准备阶段,监理人员按规定开展方案审查工作,对审查发现问题、整改意见及时安排施工单位进行修改,做好后续跟踪反馈,必要时安排复审的工作责任人有( )。

(A)项目负责人 (B)物资管理人员

(C)监理单位人员 (D)经法管理人员 答案:AC。

69. 在开工准备阶段,物资供应环节的主要业务有( )。

(A)做好与供货厂家信息沟通 (B)开展质量抽检

(C)到货验收与保管 (D)必要时会同物资部门开展驻厂催货

答案:ABCD。

70. 在开工准备阶段,物资供应环节问题易发点有( )。

(A)设计编制质量不高 (B)物资供应质量不合格

(C)物资供货不及时 (D)施工方案编制不完善 答案:BC。

71. 在开工准备阶段,物资供应环节物资供应质量不合格的主要问题成因有( )。

(A)未开展物资质量抽检工作,供应商供货材料以次充好

(B)部分厂商中标数量较多,供应能力不足

(C)物资到货后未履行现场验收手续

(D)对供应商合同签订、图纸确认、生产周期、到货时间等未进行跟踪

答案:AC。

72. 在开工准备阶段,物资供应环节物资供货不及时的应对措施有(　　)。

(A)物资部门组织对供应商的资质和业绩等信息、现场实际生产情况及近期订单情况进行审查核实,确保供应商生产能力满足物资供应要求

(B)项目单位在物资合同签订后立即与生产厂家联系,确认图纸、技术参数、生产周期、到货时间等

(C)根据项目情况及节点计划安排,梳理出项目物资到货时间表,必要时采取驻厂督促到货的方式

(D)根据物资供应情况,对屡次发生物资供应违约的供应商进行约谈、评价

答案:ABCD。

73. 在现场实施阶段,开工进场环节问题易发点有(　　)。

(A)施工单位开工准备不足　　(B)施工出现安全事件

(C)工程质量不合格　　(D)项目单位许可开工走过场

答案:AD。

74. 在现场实施阶段,开工进场环节施工单位开工准备不足的主要问题成因有(　　)。

(A)施工工器具准备不到位,尤其是安全工器具、特殊作业机具准备不充分

(B)施工队伍准备不充分,尤其是特种作业人员安排不足、技术人员安排不足

(C)设备材料准备不充分

(D)施工单位对现场施工环境和作业工序不熟悉　　答案:ABCD。

75. 在现场实施阶段,开工进场环节项目单位许可开工走过场的应对措施有(　　)。

(A)项目单位进行现场抽查,主要检查施工现场人、材、机是否到位,安全措施是否正确,对于不满足要求的应立即整改

(B)监理单位现场检查核实各项开工进场措施是否落实到位,对现场检查发现问题及时报告项目单位,同时要求施工单位及时整改

(C)对监理单位开工进场许可核查履责情况进行评价、考核

(D)对开工进场准备工作进行检查;对提交了开工申请报告,但开工准备工作实际并未到位的施工单位进行约谈、警告、通报或考核　答案:ABC。

76. 在现场实施阶段,施工调试环节问题易发点有(　　)。
(A)施工出现安全事件　(B)到场设备质量存在问题
(C)工程质量不合格　(D)工程进度滞后　答案:ABCD。

77. 在现场实施阶段,施工调试环节工程质量不合格的主要问题成因有(　　)。
(A)隐蔽工程等中间环节未及时验收确认
(B)材料质量把关不严
(C)未按图施工、未按标准工艺施工,安装工艺不合格导致设备安装时损坏,或不满足投运要求
(D)土建保养期不够　答案:ACD。

78. 在现场实施阶段,施工调试环节施工出现安全事件的应对措施有(　　)。
(A)加强现场安全管控,重大作业实行监理旁站监督
(B)加强现场作业人员培训和安全交底,现场施工人员必须经安规考试合格后方允许进场作业
(C)按规定严格考核违章作业单位和人员,进行经济处罚、约谈直至停工整顿
(D)增加材料送检、抽检环节,确保所需材料质量满足要求　答案:ABC。

79. 在现场实施阶段,施工调试环节加强现场安全管控,重大作业实行监理旁站监督的责任人有(　　)。
(A)项目负责人　(B)施工单位人员
(C)专业管理人员　(D)监理单位人员　答案:ABD。

80. 在竣工验收阶段,项目验收整改环节问题易发点有(　　)。
(A)验收方案不完善、组织不力　(B)验收执行不到位
(C)竣工资料不完备、不规范　(D)缺陷整改不到位　答案:ABCD。

81. 在竣工验收阶段,项目验收整改环节验收方案不完善、组织不力的主要问题成因有(　　)。
(A)验收人员责任心不强、公正性不够
(B)未按照验收模板和验收规范的要求编制、审查验收方案及验收作业指

导卡

(C)执行过程走过场，未按验收方案履责到位

(D)未成立专业验收小组，未按对口专业安排验收任务　　答案：BD。

82. 在竣工验收阶段，项目验收整改环节竣工资料不完备、不规范的主要问题成因有(　　)。

(A)缺少必要的过程资料和文档

(B)阶段性工作量统计不符合规范

(C)验收资料缺少相应的签字盖章

(D)账卡物不一致、验收设备清册不准确　　答案：ABCD。

83. 在竣工验收阶段，项目验收整改环节缺陷整改不到位的主要问题成因有(　　)。

(A)未制定整改要求

(B)未对缺陷整改完成情况进行跟踪，形成闭环

(C)对整改工作完成情况缺乏检查考核

(D)验收未完成即送电投运　　答案：ABC。

84. 在竣工验收阶段，项目验收整改环节验收过程执行不到位的应对措施有(　　)。

(A)按验收方案要求，成立专业验收小组，落实各级验收人员责任

(B)验收人员须持验收指导卡进行验收，严格履行职责，做好验收记录

(C)严格核实工程量是否与实际一致

(D)验收报告严格按实际编制，反映工程地点、工程范围、施工内容、工程量以及达到的效果。全部参与验收单位应填写验收意见，确认已到现场验收，在验收报告上签字确认　　答案：BCD。

85. 在竣工验收阶段，项目验收整改环节缺陷整改不到位的应对措施有(　　)。

(A)对验收发现缺陷下发整改通知单，明确整改内容、责任单位、整改期限

(B)验收缺陷整改消缺完成后组织人员进行复检并签字确认

(C)制定各类项目竣工资料提交清单，对未按要求提交的施工、设计、监理单位严格考核

(D)对未按要求完成消缺工作的施工单位，采取考核措施　　答案：ABD。

86. 在竣工验收阶段,项目验收整改环节验收缺陷整改消缺完成后组织人员进行复检并签字确认的责任人有(　　)。

(A)项目负责人　　(B)计划专职

(C)施工单位人员　　(D)专业管理人员　　答案:AD。

87. 在竣工验收阶段,竣工投运环节不能按节点计划及时投运的主要问题成因有(　　)。

(A)投运方案不完善　　(B)遗留缺陷未整改完毕

(C)竣工投运资料不齐全　　(D)施工组织不力,施工力量不足

答案:ABC。

88. 在竣工验收阶段,竣工投运环节不能按节点计划及时投运的应对措施有(　　)。

(A)大型综合技术改造项目成立项目启动送电工作组,由调控部门编制启动送电方案,并经设备管理部门会签,批准后实施

(B)小型局部技改及大修项目现场验收合格后根据调控中心指令启动送电程序

(C)依据缺陷整改通知单,逐条核对缺陷整改完成情况,未整改的不影响送电的缺陷应经设备管理部门认可并签字确认,先行送电后整改

(D)设备启动投运前,将竣工投运资料报调度及设备管理部门存档

答案:ABCD。

89. 在竣工验收阶段,竣工投运环节小型局部技改及大修项目现场验收合格后根据调控中心指令启动送电程序的责任人有(　　)。

(A)专业管理人员　　(B)项目负责人

(C)施工单位人员　　(D)计划专职　　答案:AB。

90. 在项目后期阶段,项目结算环节问题易发点有(　　)。

(A)结算费用编制缺乏依据　　(B)超范围编列工程结算费用

(C)项目结算编制不及时　　(D)结算审查流于形式　　答案:ABCD。

91. 在项目后期阶段,项目结算环节超范围编列工程结算费用的主要问题成因有(　　)。

(A)竣工结算取费不正确

(B)工程量与现场实际不一致

(C)超概算、超范围列支项目管理费

(D)工程量清单等结算资料收集不全　答案:ABC。

92. 在项目后期阶段,项目结算环节结算审查流于形式的主要问题成因有(　　)。

(A)第三方审计机构结算审核不严

(B)未履行结算签审流程

(C)过程资料不全导致结算编制工作延误

(D)工程变更签证等缺少相关单位签字盖章　答案:AB。

93. 在项目后期阶段,项目结算环节结算费用编制缺乏依据的应对措施有(　　)。

(A)按竣工结算要求,收集齐全项目批复文件、合同、图纸、原始发票、设计变更、签证等工程竣工结算所需资料

(B)组织设计、监理、审计等相关单位到现场核实工程量,对与实际工程量不一致的单位进行通报、考核

(C)明确工程变更签证等资料签审工作要求,未在规定时间内完成的考核相关责任单位

(D)在施工工程中加强项目资料的收集,竣工验收合格后30日内完成结算编制工作　答案:AC。

94. 在项目后期阶段,项目结算环节结算审查流于形式的应对措施有(　　)。

(A)明确审计单位的工作标准要求,对审查质量不良的审计单位予以经济考核

(B)经送审合格的项目结算书应履行相应签字审批手续,与审计单位出具的审计报告共同存档

(C)按竣工结算要求,收集齐全项目批复文件、合同、图纸、原始发票、设计变更、签证等工程竣工结算所需资料

(D)组织设计、监理、审计等相关单位到现场核实工程量,对与实际工程量不一致的单位进行通报、考核　答案:AB。

95. 在项目后期阶段,项目结算环节在施工工程中加强项目资料的收集,竣

工验收合格后30日内完成结算编制工作的责任人有(　　)。

(A)计划专职　　(B)项目负责人

(C)专业管理人员　　(D)施工单位人员　　答案:BD。

96. 在项目后期阶段,项目决算转资环节转资不及时的主要问题成因有(　　)。

(A)短时间内项目决算工作集中、扎堆进行

(B)过程资料不全导致决算转资工作延误

(C)第三方审计机构结算审核不严

(D)工程量与现场实际不一致　　答案:AB。

97. 在项目后期阶段,项目决算转资环节转资不及时的应对措施有(　　)。

(A)明确审计单位的工作标准要求,对审查质量不良的审计单位予以经济考核

(B)经送审合格的项目结算书应履行相应签字审批手续,与审计单位出具的审计报告共同存档

(C)积极配合财务部门开展决算工作,提供项目转资材料

(D)提前与财务、审计等部门会商确定各项目决算工作安排,合理安排决算工作计划避免项目扎堆决算　　答案:CD。

98. 在项目后期阶段,项目决算转资环节积极配合财务部门开展决算工作,提供项目转资材料的责任人有(　　)。

(A)专业管理人员　　(B)计划专职

(C)财务管理人　　(D)项目负责人　　答案:CD。

99. 在项目后期阶段,资料归档环节项目资料归档不及时、不全面、不规范的主要问题成因有(　　)。

(A)未按资料归档统一模板收集资料或未制订统一的资料模板

(B)过程资料未及时归档

(C)未落实资料归档人员责任

(D)资料归档缺乏较为完善的制度约束　　答案:ABCD。

100. 在项目后期阶段,资料归档环节项目资料归档不及时、不全面、不规范的应对措施有(　　)。

(A)明确资料归档责任,制定资料归档管理办法及归档资料模版
(B)项目资料严格做到随工整理,避免资料归档不及时
(C)项目实施全过程的资料由专人负责收集、保存,项目单位定期检查考核归档情况
(D)开展本单位项目资料归档情况定期检查,将检查结果纳入评价考核体系,并制定改进措施　答案:ABCD。

101. 在项目后期阶段,资料归档环节明确资料归档责任,制定资料归档管理办法及归档资料模版的责任人有(　　)。
(A)计划专职　(B)专业管理人员
(C)项目负责人　(D)施工单位人员　答案:AC。

102. 在项目后期阶段,物资退役环节问题易发点有(　　)。
(A)项目资料归档不及时、不全面、不规范
(B)应回收废旧物资与实际回收物资不一致
(C)退役物资移交不及时
(D)转资不及时　答案:BC。

103. 在项目后期阶段,物资退役环节应回收废旧物资与实际回收物资不一致的主要问题成因有(　　)。
(A)废旧物资回收计划编制不符合项目实际
(B)未将拆旧处置计划下发施工单位
(C)拆旧过程中存在遗失
(D)未及时办理移交手续　答案:ABC。

104. 在项目后期阶段,物资退役环节应回收废旧物资与实际回收物资不一致的应对措施有(　　)。
(A)将年度技改项目可研报告(项目建议书)拟拆除设备清单及退役设备鉴定表纳入年度设备退役计划,并经财务、物资部门会签后以正式文件发布
(B)项目拆除物资及时退回物资库
(C)向施工单位下达工程建设任务的同时,下达废旧物资拆除计划,并以此作为工程核算拆除费用依据
(D)加大对废旧物资回收不到位施工单位考核　答案:ABCD。

105. 在项目后期阶段,物资退役环节对退役物资处置不及时的应对措施有(　　)。

(A)项目拆除物资及时退回物资库

(B)与本单位物资、财务部门共同制定废旧物资退役细则,落实各方责任及要求,加快退役物资处置进度

(C)定期对年度设备退役计划完成情况进行检查,对未按节点计划完成的单位予以考核

(D)加大对废旧物资回收不到位施工单位考核　　答案:BC。

106. 在项目后期阶段,物资退役环节将项目拆除物资及时退回物资库的责任人有(　　)。

(A)项目负责人　　(B)专业管理人员

(C)计划专职　　(D)物资管理人员　　答案:AD。

第二章　电网生产设备大修项目招标采购规定习题

一、单选题

1. 公司招投标工作领导小组是授权采购活动的领导机构，下列对其主要职能职责描述正确的是（　　）。

(A)负责制定授权采购目录、管理规范和实施流程

(B)负责指导和监督公司系统贯彻执行国家有关招投标法律法规以及公司系统有关授权采购的规定，决定授权采购工作中的重大事项

(C)负责授权采购计划、采购实施、结果执行等工作的管理、指导、监督和考核

(D)负责协调解决授权采购工作中的重要事宜　　答案：B。

2. 下列选项中，描述公司监察部门主要职能职责正确的是（　　）。

(A)负责为授权采购活动提供法律支持和保障

(B)负责受理授权采购活动的投诉与举报，对采购工作中的违纪、违规问题执纪问责

(C)负责授权采购需求计划的收集、汇总和审查

(D)负责授权采购相关数据的统计分析　　答案：B。

3. 下列选项中，描述公司法律部门主要职能职责正确的是（　　）。

(A)负责为授权采购活动提供法律支持和保障

(B)负责受理授权采购活动的投诉与举报，对采购工作中的违纪、违规问题执纪问责

(C)负责授权采购需求计划的收集、汇总和审查

(D)负责授权采购相关数据的统计分析　　答案：A。

4. 授权采购工作领导小组下设办公室，办公室设在各单位（　　），负责授

权采购日常工作。

(A)项目部门　(B)监察部门
(C)物资管理部门　(D)法律部门　答案:C。

5. 各单位物资管理部门组织发布采购文件。采取公开竞争性谈判采购的，应在(　　)电子招标投标公共服务平台发布采购公告。

(A)县级及以上　(B)市级及以上
(C)省级及以上　(D)全国　答案:C。

6. 采取单一来源方式采购的,由各单位(　　)组织发出采购邀请。

(A)项目管理部门　(B)运检管理部门
(C)监察管理部门　(D)物资管理部门　答案:D。

7. 公开竞争性谈判项目,采购文件发售时间应不少于(　　)日。

(A)3　(B)4
(C)5　(D)7　答案:A。

8. 公开竞争性谈判项目,自采购文件发售之日起至应答文件首次提交截止之日止,应不少于(　　)日。

(A)3　(B)4
(C)5　(D)7　答案:D。

9. 单一来源采购项目,采购文件发售时间应不少于 2 日,自采购文件发售之日起至应答文件首次提交截止之日止,应不少于(　　)日。

(A)3　(B)4
(C)5　(D)7　答案:B。

10. 授权采购实施单位向成交供应(服务)商告知成交信息并发放成交通知书。成交通知书发放(　　)日内,各单位物资管理部门将采购结果报公司物资部备案。

(A)5　(B)10
(C)15　(D)20　答案:B。

11. 各单位应加强履约绩效评价结果应用,督促供应(服务)商提高履约能力和服务质量，原则上履约绩效评价分值占比不低于综合质效分的（　　）%。

（A）20　　（B）30

（C）40　　（D）50　　答案：C。

12. 采购活动完成（　　）日内，各单位按照归档文件目录，完成采购活动归档文件材料的收集、整理、组卷与审核，并确保归档文件材料真实、完整、准确、唯一。

（A）10　　（B）15

（C）20　　（D）30　　答案：D。

13. 属于发包人违约责任的是（　　）。

（A）未按时支付合同价款

（B）未按合同约定的期限完成工作

（C）按合同规定干预承包人的工作

（D）未按合同约定的质量完成工作　　答案：A。

14. 成本费按承包人的实际支出由发包人支付，发包人同时另外向承包人支付一定数额或百分比的管理费和商定的利润，这种合同应是（　　）。

（A）可调价格合同　　（B）目标合同

（C）总价合同　　（D）成本加酬金合同　　答案：D。

15. 所谓分包是指总承包企业将所承包的建设工程中的（　　）发包给其他建筑业企业完成的活动。

（A）专业工程或劳务作业　　（B）主体工程

（C）全部工程　　（D）全部工程肢解后　　答案：A。

16. 在工程承包合同纠纷中，尤其是涉及较大项目的建筑施工纠纷，往往并不适于用（　　）的方式解决。

（A）协商　　（B）调解

（C）仲裁　　（D）诉讼　　答案：D。

17. 投标人的投标保证金应当在（　　）退还投标人。

（A）确定中标候选人之后 5 个工作日内

（B）确定中标人后 5 个工作日内

(C)招标人与中标人签订合同之后的 5 个工作日内

(D)中标人开始施工之后的 5 个工作日内　　答案:C。

18. 合同谈判的主要内容不包括(　　)。

(A)工程的内容和范围的确认

(B)合同价格条款、合同价格调整条款

(C)施工组织计划

(D)合同款支付方式的条款　　答案:C。

19. 招标过程中,评标报告内容一般不包括(　　)。

(A)开标记录　　(B)评标标准

(C)评标委员会成员名单　　(D)所有投标一览表　　答案:D。

20. 工程勘察合同是(　　)就完成商定的勘察任务明确双方权利、义务的协议。

(A)承包人与勘察人　　(B)发包人与设计人

(C)发包人与承揽人　　(D)发包人与勘察人　　答案:D。

21. 招标人的合同签约单位和中标人须自中标通知书发出之日起(　　)日内,按照招标文件和中标人的投标文件订立书面合同。

(A) 10　　(B)20

(C)30　　(D)40　　答案:C。

22. 自招标文件发出之日起至投标人提交投标文件截止之日止,最短不得少于(　　)日。

(A) 5　　(B)10

(C)15　　(D)20　　答案:D。

23. 自招标文件或者资格预审文件发出之日起至停止发出之日止,最短不得少于(　　)个工作日。

(A) 5　　(B)10

(C)15　　(D)20　　答案:A。

24. 招标人对已发出的招标文件进行必要的澄清或者修改的,应当在招标文件要求提交投标文件截止时间至少（　　）日前，以书面形式通知所有招标文件收受人。

(A) 5　　(B)10

(C)15　　(D)20　　答案：C。

二、多选题

1. 授权采购是公司集中采购模式的补充,公司作为授权采购管理主体,对(　　)等进行统一管控。

(A)采购范围　　(B)采购方式
(C)组织实施　　(D)采购专业　　答案:ABC。

2. 公司物资部(招投标管理中心)是公司授权采购工作的职能管理部门,下列选项中,描述公司物资部主要职能职责正确的是(　　)。

(A)负责制定授权采购目录、管理规范和实施流程
(B)负责指导和监督公司系统贯彻执行国家有关招投标法律法规以及公司系统有关授权采购的规定,决定授权采购工作中的重大事项
(C)负责授权采购计划、采购实施、结果执行等工作的管理、指导、监督和考核
(D)负责协调解决授权采购工作中的重要事宜　　答案:ACD。

3. 下列选项中,描述公司各专业管理部门主要职能正确的是(　　)。

(A)负责明确采购项目的资质条件和技术标准
(B)配合修订授权采购目录
(C)参加授权采购活动的监督检查工作
(D)负责授权采购相关数据的统计分析　　答案:ABC。

4. 下列选项中,描述公司物资分公司主要职能职责正确的是(　　)。

(A)负责为授权采购活动提供法律支持和保障
(B)负责受理授权采购活动的投诉与举报,对采购工作中的违纪违规问题执纪问责
(C)负责授权采购需求计划的收集、汇总和审查
(D)负责授权采购相关数据的统计分析　　答案:CD。

5. 各单位物资管理部门是本单位授权采购工作的职能管理部门,其职责包括(　　)。

(A)按照国家法律、法规以及公司的有关规定,规范开展授权采购活动
(B)负责授权采购计划汇总、审查、上报;组织采购方案(文件)的编制与审查;组织实施授权采购评审;组织召开授权采购工作领导小组会议审定

采购结果

(C)负责解决采购过程中的争议和协助处理投诉

(D)负责组织建立本单位评审专家库，采购资料的归档管理、采购数据的汇总上报　答案：ABCD。

6. 各单位项目管理部门是本单位授权采购需求的专业管理部门，其职责包括(　　)。

(A)负责收集汇总本专业授权采购需求，审核后提出采购计划及其技术要求，对采购项目的合规性、采购计划的准确性和技术规范书的正确性负责

(B)参与采购方案(文件)的编制和审查，并对资质业绩要求、分标分包原则、评审办法、最高限价等内容提出专业化建议

(C)按需要选派代表参与技术复杂或特殊采购项目的评审活动

(D)负责开展供应(服务)商履约绩效评价，并将评价结果提报物资管理部　答案：ABCD。

7. 各单位法律部门为授权采购活动提供法律支持和保障，提出法律意见，其职责包括(　　)。

(A)对授权采购方案(文件)的合法合规性进行审查

(B)参与采购活动，并对采购过程的合法合规性提出法律意见

(C)协助处理授权采购活动中的争议、投诉和纠纷，出具法律意见

(D)负责采购资料的归档管理、采购数据的汇总上报　答案：ABC。

8. 公司授权采购分为(　　)。

(A)年度固定授权　(B)一事一授权

(C)零星服务授权　(D)重要事项授权　答案：AB。

9. 授权采购需求计划审查的主要内容包括(　　)。

(A)授权采购需求计划审查

(B)是否有明确的资金来源和投资计划

(C)是否具有经过项目管理部门审查并满足采购要求的技术规范(含工程量清单等)资料

(D)如果立项手续不完备，但因涉及电网安全、供电服务、公司发展，并经各单位文件、签报、会议纪要以及履行“三重一大”等决策程序，需应急开

展的项目可以视为具备立项条件 答案:ABCD。

10. 各单位物资管理部门负责组织采购文件审查,项目管理部门和专业技术专家参与采购文件技术部分审查,审查的主要内容包括( )。

(A)采购项目的合规性

(B)物资采购文件的合理性

(C)服务采购文件的合理性

(D)采购文件的正确性和一致性 答案:ABCD。

11. 物资部门、项目管理部门、法律部门及经济专家参与采购文件商务部分审查,审查主要内容包括( )。

(A)资质业绩条件设置须符合国家规定的强制性资格条件,满足采购项目使用要求

(B)分包原则应有利于形成集中采购规模效应,在统筹市场竞争度、采购成功率等因素的基础上合理分包。有特殊参数或要求的,可根据具体情况单独分包

(C)评审标准和办法,公开竞争性谈判采购一般采用综合评分法,原则上不得采用最低价法进行评审,综合质效及价格的权重分配、评审因素以及评审细则应清晰明确,在采购文件中公开载明,保证评审过程公平、公正、科学合理

(D)采购文件中不得规定最低限价,可以设定最高限价 答案:ABCD。

12. 在综合评审过程中,项目管理部门针对供应商( ),可以视情况严重程度作扣分或否决处理。

(A)存在履约能力不足 (B)服务质量较差

(C)安全措施未落实 (D)企业资质即将到期 答案:ABC。

13. 公司物资部通过( ),对各单位授权采购活动进行监督检查。

(A)逐一检查 (B)组织互查

(C)随机抽查 (D)资料报送 答案:BC。

14. 公司物资部门对各单位授权采购活动监督检查的重点内容有( )。

(A)超越授权采购实施范围的

(B)授权采购活动中滥用权利、不正当行使权利,可能给企业造成经营风险

或损失的

(C)归档文件材料的完整性、规范性、真实性、准确性，以及保管期限的合规性

(D)违规转授权的　　答案：ABCD。

三、判断题

1. 授权采购是指非依法必须招标的项目,因需求零星、专业特殊、地域限制等原因,不具备集中采购条件或集中实施采购不符合效率效益原则的采购需求,由公司授权下一级单位组织实施采购的一种模式。(√)

2. 授权采购是公司集中采购模式的补充,公司作为授权采购管理主体,对采购范围、采购方式、组织实施等进行统一管控。(√)

3. 公司招投标工作领导小组是授权采购活动的领导机构,负责指导和监督公司系统贯彻执行国家有关招投标法律法规以及公司系统有关授权采购的规定,决定授权采购工作中的重大事项。(√)

4. 公司法律部门负责受理授权采购活动的投诉与举报,对采购工作中的违纪、违规问题执纪问责。(×)

5. 公司物资部门负责授权采购需求计划的收集、汇总和审查;负责授权采购相关数据的统计分析。(×)

6. 授权采购工作领导小组下设办公室,办公室设在各单位项目管理部门,负责授权采购日常工作。(×)

7. 各单位物资管理部门是本单位授权采购工作的职能管理部门,负责组织建立本单位评审专家库。(√)

8. 各单位物资管理部门是本单位授权采购工作的职能管理部门,负责解决采购过程中的争议和协助处理投诉。(√)

9. 各单位项目管理部门是本单位授权采购需求的专业管理部门,负责收集汇总本专业授权采购需求,审核后提出采购计划及其技术要求,对采购项目的合规性、采购计划的准确性和技术规范书的正确性负责。(√)

10. 各单位项目管理部门是本单位授权采购需求的专业管理部门,负责开展供应(服务)商履约绩效评价,并将评价结果提报物资管理部门。(√)

11. 各单位监察部门负责受理授权采购活动中的争议与投诉，组织调查、处理授权采购活动中的违纪、违规问题。（√）

12. 各单位法律部门为授权采购活动提供法律支持和保障，提出法律意见，并对授权采购方案（文件）的合法合规性进行审查。（√）

13. 公司授权采购分为“年度固定授权”和“一事一授权”两种方式。（√）

14. 年度固定授权是对采购金额较小、地域特点明显、资质业绩条件不能统一的采购需求，由国网公司在二级集中采购目录中明确授权采购范围，各单位按照目录范围组织实施的采购。（×）

15.“一事一授权”是指对采购金额较小、地域特点明显、资质业绩条件不能统一的采购需求，公司根据采购管理需要进行的授权。（×）

16. 各单位可以根据公司实际需求，拆分项目规避公司集中采购，但是不得实施授权采购目录范围外项目的采购。（×）

17. 授权采购计划按属性只分为服务类，均在 ERP 系统部署并全时开放。（×）

18. 属于“年度固定授权”范围的物资及服务，由各单位物资管理部门根据授权采购项目实际，组织项目管理部门或项目单位在 ERP 系统全时申报授权采购需求计划，并及时开展计划审查，审查结果提交省公司备案。（√）

19. 属于“一事一授权”采购项目，由项目管理部门或项目单位在 ERP 系统提交采购需求计划，经逐级审批后提交省公司备案。（×）

20. 授权采购需求计划由物资管理部门编制，物资管理部门负责对立项资料、采购需求等内容的准确性进行书面审核确认。（×）

21. 授权采购需求计划审查时，需审查立项手续是否齐全并经管理部门批准。（√）

22. 授权采购需求计划审查时,如立项手续不完备,但因涉及电网安全、供电服务、公司发展,并经各单位文件、签报、会议纪要以及履行“三重一大”等决策程序,需应急开展的项目可以视为具备立项条件。(√)

23. 授权采购原则上采用公开竞争性谈判方式进行。(√)

24. 物资部门、项目管理部门、法律部门及经济专家参与采购文件商务部分审查,资质业绩条件设置须符合国家规定的强制性资格条件,满足采购项目使用要求。(√)

25. 物资部门、项目管理部门、法律部门及经济专家参与采购文件商务部分审查,分包原则应有利于形成集中采购规模效应,在统筹市场竞争度、采购成功率等因素的基础上合理分包。有特殊参数或要求的,可根据具体情况单独分包。(√)

26. 公开竞争性谈判采购一般采用综合评分法,原则上采用最低价法进行评审,综合质效及价格的权重分配、评审因素以及评审细则应清晰明确,在采购文件中公开载明,保证评审过程公平、公正、科学合理。(×)

27. 采购文件中可以规定最低限价,也可以设定最高限价。(×)

28. 公司授权采购工作授权至各市供电公司及直属单位,被授权单位不得进行转授权(即不得二次授权)。(√)

29. 各单位物资管理部门组织发布采购文件。采取公开竞争性谈判采购的,应在市级及以上电子招标投标公共服务平台发布采购公告。(×)

30. 各单位物资管理部门组织发布采购文件,在不同媒介发布的同一采购公告内容应当一致。(√)

31. 采取单一来源方式采购的,由各单位项目管理部门组织发出采购邀请。(×)

32. 对已发出的采购文件可以进行必要的澄清或者修改,澄清或者修改的

内容应当符合法律法规规定，包括招标人自行澄清、修改，以及针对应答人提出的疑问和异议进行澄清、修改。(√)

33. 项目管理部门或项目单位主动提出的变更或澄清，由项目管理部门或项目单位填写采购文件澄清(修改)审批单，经审批后发出。(√)

34. 评审委员会由各单位物资管理部门组建。评审委员会由物资、项目管理部门或项目单位代表以及相应专业专家组成，人数应为 3 人及以上，并以书面文件形式报本单位授权采购工作领导小组办公室审批。(×)

35. 评审委员会的专家抽取方案由各单位物资管理部门负责编制，专家组成员应在监督人员的监督下，在规定时间内从评审专家库中随机抽取，抽取的评审专家应占评审委员会总人数的一半及以上。(×)

36. 评审工作组应设法律保障组和监督组，必要时可设立咨询组。(√)

37. 监督组采取“本单位选派”和“省公司选派”相结合的方式组建。(√)

38. 监督组对采购活动全过程进行监督，受理采购活动过程中的投诉举报，对采购工作中的违规违纪问题提出纠正和处理意见。(√)

39. 公开竞争性谈判中，报名或递交应答文件供应(服务)商不足 3 家时，可以继续本次谈判活动。(×)

40. 在确保评审信息保密的情况下，各单位优先选择内部场所开展授权采购活动，采购评审期间，评审场所无须现场封闭。(×)

41. 评审专家在评审期间原则上不允许离开评审场所，确需离开的，应向监督组履行请假手续后离开，办完事后经申请可以再次进入评审场所。(×)

42. 对符合要求的应答供应(服务)商可进行一轮报价。(×)

43. 授权采购实施单位向成交供应(服务)商告知成交信息并发放成交通知书。成交通知书发放 10 日内，各单位物资管理部门将采购结果报公司物资部

备案。(√)

44. 各单位物资管理部门负责物资类合同签订工作,项目管理部门负责服务类合同签订工作。(√)

45. 自成交通知书发出之日起10日内,按照采购文件和应答文件规定的采购范围、成交价格等条款完成合同签订。(×)

46. 项目单位或成交人不得无故拒绝或拖延签订合同;因成交人原因拒绝签订合同的,采购人有权取消其成交人资格,并纳入不良行为处罚。(√)

47. 按照“谁使用谁评价,谁主管谁负责”的原则,由各单位项目管理部门牵头开展绩效评价工作。(√)

48. 对确认存在履约能力不足、服务质量较差、安全措施未落实等不良行为的供应(服务)商,在综合评审过程中项目管理部门无权作扣分或否决处理。(×)

49. 各单位应加强履约绩效评价结果应用,督促供应(服务)商提高履约能力和服务质量,原则上履约绩效评价分值占比不低于综合质效分的60%。(×)

50. 采购活动完成30日内,各单位按照归档文件目录,完成采购活动归档文件材料的收集、整理、组卷与审核,并确保归档文件材料真实、完整、准确、唯一。(√)

51. 公司物资部通过逐一检查、随机抽查等方式,对各单位授权采购活动进行监督检查。(×)

52. 公司物资部监督检查的重点内容有超越授权采购实施范围、违规转授权、授权采购实施流程不规范等相关内容。(√)

53. 公司物资部门定期对各单位授权采购活动相关数据进行统计分析,为监督检查提供参考。(×)

第三章　电网生产技改大修款项支付规定习题

一、单选题

1.《保障中小企业款项支付条例》已经于2020年7月1日由国务院第99次常务会议通过，自(　　)起施行。

(A)2020年7月1日　　(B)2020年8月1日

(C)2020年9月1日　　(D)2020年10月1日　　答案:C。

2.《保障中小企业款项支付条例》制定的原因是(　　)。

(A)为进一步落实国网公司生产技改大修专业精益化管理提升方案，增强管理穿透性，提升项目精益化管理水平

(B)为落实公司"放管服"管理要求，适应输变电价改革及公司管理体系变革，优化生产技改大修项目管理流程，明确各级管理权责，提高项目精准投资决策水平，提升项目管理效率效益

(C)为规范国家电网有限公司电网生产设备大修工作，提高设备大修质量和运行可靠性，合理控制运维检修成本，保障电网安全、可靠和经济运行

(D)为了促进机关、事业单位和大型企业及时支付中小企业款项，维护中小企业合法权益，优化营商环境，根据《中华人民共和国中小企业促进法》等法律进行制定　　答案:D。

3.《保障中小企业款项支付条例》中明确各级政府相关职责，县级以上地方人民政府的职责为(　　)。

(A)负责中小企业促进工作综合管理的部门对机关、事业单位和大型企业及时支付中小企业款项工作进行宏观指导、综合协调、监督检查

(B)有关部门在各自职责范围内，负责相关管理工作

(C)负责本行政区域内机关、事业单位和大型企业及时支付中小企业款项

的管理工作　　答案:C。

4.《保障中小企业款项支付条例》中规定,机关、事业单位和大型企业迟延支付中小企业款项的,应当支付逾期利息。双方对逾期利息的利率有约定的,约定利率不得低于合同订立时1年期贷款市场报价利率;未作约定的,按照每日利率(　　)支付逾期利息。

(A)万分之五　　(B)万分之十

(C)万分之十五　　(D)万分之二十　　答案:A。

5.《保障中小企业款项支付条例》中规定,机关、事业单位应当于每年(　　)日前将上一年度逾期尚未支付中小企业款项的合同数量、金额等信息通过网站、报刊等便于公众知晓的方式公开。

(A)1月31　　(B)2月28

(C)3月31　　(D)4月31　　答案:C。

6.《保障中小企业款项支付条例》中规定,(　　)依法对机关、事业单位和国有大型企业支付中小企业款项情况实施审计监督。

(A)政府机关　　(B)财务部门

(C)审计机关　　(D)纪检部门　　答案:C。

7.《保障中小企业款项支付条例》中规定,(　　)建立督查制度,对及时支付中小企业款项工作进行监督检查。

(A)省级以上人民政府　　(B)市级人民政府

(C)县级人民政府　　(D)社区部门　　答案:A。

8. 用于劳务施工或者提供给劳务分包人使用的施工机械设备必须办理保险,保险费用由(　　)支付。

(A)劳务分包单位　　(B)工程承包单位

(C)建设单位　　(D)以上都不对　　答案:B。

9. 发包人在招标文件中规定的要求承包人提交的保证履行合同义务的担保称为(　　)。

(A)投标保证金　　(B)履约担保

(C)预付款担保　　(D)支付担保　　答案:B。

10. 预付款担保的主要形式是（　　）。

(A)银行保函　　(B)由保证公司担保

(C)抵押担保　　(D)履约保证金　　答案:A。

11. 以下关于索赔的表述中错误的是（　　）。

(A)索赔是单向的　　(B)发包人可以向承包人索赔

(C)承包人可以向发包人索赔　　(D)索赔是相互的　　答案:A。

12. 对于反索赔,下列说法正确的是（　　）。

(A)反索赔是发包人的索赔

(B)承包人根据保险合同向保险公司索赔

(C)反索赔是相对索赔而言,是对提出索赔的一方的反驳

(D)反索赔是承包人的索赔　　答案:C。

二、多选题

1.《保障中小企业款项支付条例》中所称的中小企业，是指在中华人民共和国境内依法设立，依据国务院批准的中小企业划分标准确定的(　　)。

(A)中型企业　　(B)小型企业

(C)微型企业　　(D)大型企业　　答案：ABC。

2. 机关、事业单位使用财政资金从中小企业采购(　　)应当严格按照批准的预算执行，不得在无预算、超预算开展采购。

(A)货物　　(B)工程

(C)服务　　(D)运维　　答案：ABC。

3.《保障中小企业款项支付条例》中规定，合同约定采取履行(　　)、(　　)等结算方式的，付款期限应当自双方确认结算金额之日起算。

(A)预付结算　　(B)进度结算

(C)定期结算　　(D)统一结算　　答案：BC。

4.《保障中小企业款项支付条例》中规定，除依法设立的(　　)外，工程建设中不得收取其他保证金。保证金的收取比例应当符合国家有关规定。

(A)投标保证金

(B)履约保证金

(C)工程质量保证金

(D)农民工工资保证金　　答案：ABCD。

5.《保障中小企业款项支付条例》中规定，受理投诉部门应当按照(　　)的原则，及时将投诉转交有关部门、地方人民政府处理，有关部门、地方人民政府应当依法及时处理，并将处理结果告知投诉人，同时反馈受理投诉部门。

(A)属地管理　　(B)分级负责

(C)谁主管谁负责　　(D)逐级分管　　答案：ABC。

6.《保障中小企业款项支付条例》中规定，对拒绝或者迟延支付中小企业款项的机关、事业单位，应当在(　　)等方面采取必要的限制措施。

(A)公务消费　　(B)办公用房

(C)经费安排　　(D)车辆采购　　答案：ABC。

7.《保障中小企业款项支付条例》中规定，机关、事业单位违反本条例，有下列情形之一的，由其上级机关、主管部门责令改正；拒不改正的，对直接负责的主管人员和其他直接责任人员依法给予处分：(　　)；未按照规定公开逾期尚未支付中小企业款项信息；对投诉人进行恐吓、打击报复。

(A)未在规定的期限内支付中小企业货物、工程、服务款项

(B)拖延检验、验收

(C)强制中小企业接受商业汇票等非现金支付方式，或者利用商业汇票等非现金支付方式变相延长付款期限

(D)没有法律、行政法规依据或者合同约定，要求以审计机关的审计结果作为结算依据

(E)违法收取保证金，拒绝接受中小企业提供的金融机构保函或者不及时与中小企业对保证金进行核实、结算

(F)以法定代表人或者主要负责人变更，履行内部付款流程或者在合同未作约定的情况下以等待竣工验收批复、决算审计等为由，拒绝或者迟延支付中小企业款项　　　　答案：ABCDEF。

8.《保障中小企业款项支付条例》中规定，机关、事业单位有下列情形之一的，依照法律、行政法规和国家有关规定追究责任的是(　　)。

(A)使用财政资金从中小企业采购货物、工程、服务，未按照批准的预算执行

(B)要求施工单位对政府投资项目垫资建设

(C)违法收取保证金，拒绝接受中小企业提供的金融机构保函，或者不及时与中小企业对保证金进行核实、结算

(D)以法定代表人或者主要负责人变更，履行内部付款流程或者在合同未作约定的情况下以等待竣工验收批复、决算审计等为由，拒绝或者延迟支付中小企业款项　　　　答案：AB。

三、判断题

1.《保障中小企业款项支付条例》已经于2020年7月1日由国务院第99次常务会议通过，自2020年8月1日起施行。(×)

2. 为了促进机关、事业单位和大型企业及时支付中小企业款项，维护中小企业合法权益，优化营商环境，根据《中华人民共和国中小企业促进法》等法律，制定《保障中小企业款项支付条例》。(√)

3. 机关、事业单位和大型企业采购货物、工程、服务支付中小企业款项，应当遵守《保障中小企业款项支付条例》。(√)

4.《保障中小企业款项支付条例》中所称的中小企业，是指在中华人民共和国境内依法设立，依据国务院批准的中小企业划分标准确定的中型企业、小型企业和微型企业；所称的大型企业是指中小企业以外的企业。(√)

5. 中小企业、大型企业依合同订立时的企业规模类型确定。中小企业与机关、事业单位、大型企业订立合同时，无须主动告知其属于中小企业。(√)

6. 国务院负责中小企业促进工作综合管理的部门对机关、事业单位和大型企业及时支付中小企业款项工作进行宏观指导、综合协调、监督检查；国务院有关部门在各自职责范围内，负责相关管理工作。(√)

7. 县级以上地方人民政府负责本行政区域内机关、事业单位和大型企业及时支付中小企业款项的管理工作。(√)

8. 有关行业协会商会应当按照法律法规和组织章程，完善行业自律，禁止本行业大型企业利用优势地位拒绝或者迟延支付中小企业款项，规范引导其履行及时支付中小企业款项义务，保护中小企业合法权益。(√)

9. 机关、事业单位和大型企业可以要求中小企业接受不合理的付款期限、方式、条件和违约责任等交易条件，不得违约拖欠中小企业的货物、工程、服务款项。(×)

10. 机关、事业单位使用财政资金从中小企业采购货物、工程、服务，应当严格按照批准的预算执行，可以无预算、超预算开展采购。(×)

11. 机关、事业单位从中小企业采购货物、工程、服务，应当自货物、工程、服务交付之日起 30 日内支付款项；合同另有约定的，付款期限最长不得超过 60 日。(√)

12.《保障中小企业款项支付条例》中规定，合同约定采取履行进度结算、定期结算等结算方式的，付款期限应当自双方确认结算金额之日起算。(√)

13. 机关、事业单位和大型企业与中小企业约定以货物、工程、服务交付后经检验或者验收合格作为支付中小企业款项条件的，付款期限应当自检验或者验收合格之日起算。(√)

14. 合同双方应当在合同中约定明确、合理的检验或者验收期限，并在该期限内完成检验或者验收。(√)

15.《保障中小企业款项支付条例》中规定，机关、事业单位和大型企业拖延检验或者验收的，付款期限自实际的检验或者验收期限届满之日起算。(×)

16.《保障中小企业款项支付条例》中规定，机关、事业单位和大型企业使用商业汇票等非现金支付方式支付中小企业款项的，应当在合同中作出明确、合理约定，不得强制中小企业接受商业汇票等非现金支付方式，不得利用商业汇票等非现金支付方式变相延长付款期限。(√)

17.《保障中小企业款项支付条例》中规定，机关、事业单位和国有大型企业不得强制要求以审计机关的审计结果作为结算依据，但合同另有约定或者法律、行政法规另有规定的除外。(√)

18.《保障中小企业款项支付条例》中规定，除依法设立的投标保证金、履约保证金、工程质量保证金、农民工工资保证金外，工程建设中不得收取其他保证金。保证金的收取比例应当符合国家有关规定。(√)

19.《保障中小企业款项支付条例》中规定，机关、事业单位和大型企业可以

将保证金限定为现金。中小企业以金融机构保函提供保证的,机关、事业单位和大型企业应当接受。(×)

20.《保障中小企业款项支付条例》中规定,机关、事业单位和大型企业应当按照合同约定,在保证期限届满后及时与中小企业对收取的保证金进行核实和结算。(√)

21.《保障中小企业款项支付条例》中规定,机关、事业单位和大型企业不得以法定代表人或者主要负责人变更,履行内部付款流程,或者在合同未作约定的情况下以等待竣工验收批复、决算审计等为由,拒绝或者迟延支付中小企业款项。(√)

22.《保障中小企业款项支付条例》中规定,中小企业以应收账款担保融资的,机关、事业单位和大型企业应当自中小企业提出确权请求之日起20日内确认债权债务关系,支持中小企业融资。(×)

23.《保障中小企业款项支付条例》中规定,机关、事业单位和大型企业迟延支付中小企业款项的,应当支付逾期利息。双方对逾期利息的利率有约定的,约定利率不得低于合同订立时1年期贷款市场报价利率;未作约定的,按照每日利率万分之五支付逾期利息。(√)

24.《保障中小企业款项支付条例》中规定,机关、事业单位应当于每年3月31日前将上一年度逾期尚未支付中小企业款项的合同数量、金额等信息通过网站、报刊等便于公众知晓的方式公开。(√)

25.《保障中小企业款项支付条例》中规定,大型企业应当将逾期尚未支付中小企业款项的合同数量、金额等信息纳入企业年度报告,通过企业信用信息公示系统向社会公示。(√)

26.《保障中小企业款项支付条例》中规定,省级以上人民政府负责中小企业促进工作综合管理的部门应当建立便利畅通的渠道,受理对机关、事业单位和大型企业拒绝或者迟延支付中小企业款项的投诉。(√)

27.《保障中小企业款项支付条例》中规定,受理投诉部门应当按照"属地管理、分级负责，谁主管谁负责”的原则，及时将投诉转交有关部门、地方人民政府处理，有关部门、地方人民政府应当依法及时处理，并将处理结果告知投诉人，同时反馈受理投诉部门。（√）

28.《保障中小企业款项支付条例》中规定，机关、事业单位和大型企业不履行及时支付中小企业款项义务，情节严重的，受理投诉部门可以依法、依规将其失信信息纳入全国信用信息共享平台，并将相关涉企信息通过企业信用信息公示系统向社会公示，依法实施失信惩戒。（√）

29.《保障中小企业款项支付条例》中规定，被投诉的机关、事业单位和大型企业及其工作人员不得以任何形式对投诉人进行恐吓、打击报复。（√）

30.《保障中小企业款项支付条例》中规定，对拒绝或者迟延支付中小企业款项的机关、事业单位，应当在公务消费、办公用房、经费安排等方面采取必要的限制措施。（√）

31.《保障中小企业款项支付条例》中规定，审计机关依法对机关、事业单位和国有大型企业支付中小企业款项情况实施审计监督。（√）

32.《保障中小企业款项支付条例》中规定，省级以上人民政府建立督查制度，对及时支付中小企业款项工作进行监督检查。（√）

33.《保障中小企业款项支付条例》中规定，国家依法开展中小企业发展环境评估和营商环境评价时，应当将及时支付中小企业款项工作情况纳入评估和评价内容。（√）

34. 国务院负责中小企业促进工作综合管理的部门依据国务院批准的中小企业划分标准，建立企业规模类型测试平台，提供中小企业规模类型自测服务。（√）

35.《保障中小企业款项支付条例》中规定，对中小企业规模类型有争议的，可以向主张为中小企业一方所在地的市级以上地方人民政府负责中小企业促进工作综合管理的部门申请认定。（×）

36.《保障中小企业款项支付条例》中规定,国家鼓励法律服务机构为与机关、事业单位和大型企业存在支付纠纷的中小企业提供法律服务。(√)

37. 新闻媒体应当开展对及时支付中小企业款项相关法律、法规、政策的公益宣传,依法加强对机关、事业单位和大型企业拒绝或者迟延支付中小企业款项行为的舆论监督。(√)

38.《保障中小企业款项支付条例》中规定,大型企业违反本条例,未按照规定在企业年度报告中公示逾期尚未支付中小企业款项信息或者隐瞒真实情况、弄虚作假的,由市场监督管理部门依法处理。(√)

39.《保障中小企业款项支付条例》中规定,国有大型企业没有合同约定或者法律、行政法规依据,要求以审计机关的审计结果作为结算依据的,由其主管部门责令改正;拒不改正的,对直接负责的主管人员和其他直接责任人员依法给予处分。(√)

40.《保障中小企业款项支付条例》中规定,部分或者全部使用财政资金的团体组织采购货物、工程、服务支付中小企业款项,参照本条例对机关、事业单位的有关规定执行。(√)

41. 军队采购货物、工程、服务支付中小企业款项,按照《保障中小企业款项支付条例》中规定执行。(×)

第四章　电网生产技改大修审计结算管理规定习题

一、单选题

1. 根据国家电网公司生产技术改造项目竣工决算管理规定：竣工决算是指依据合同约定对项目(　　)、施工、监理、咨询、技术服务、设备材料供应和项目管理等全过程所发生费用进行决算的活动。

(A)设计　　(B)执行

(C)建设　　(D)投运　　答案：A。

2. 根据国家电网公司生产技术改造项目竣工决算管理规定：竣工决算是指依据合同约定对项目设计、(　　)、监理、咨询、技术服务、设备材料供应和项目管理等全过程所发生费用进行决算的活动。

(A)执行　　(B)施工

(C)建设　　(D)投运　　答案：B。

3. 根据国家电网公司生产技术改造项目竣工决算管理规定：竣工决算是指依据合同约定对项目设计、施工、(　　)、咨询、技术服务、设备材料供应和项目管理等全过程所发生费用进行决算的活动。

(A)督查　　(B)检查

(C)监理　　(D)执行　　答案：C。

4. 根据国家电网公司生产技术改造项目竣工决算管理规定：竣工决算是指依据合同约定对项目设计、施工、监理、(　　)、技术服务、设备材料供应和项目管理等全过程所发生费用进行决算的活动。

(A)执行　　(B)建设

(C)投运　　(D)咨询　　答案：D。

5. 根据国家电网公司生产技术改造项目竣工决算管理规定:竣工决算是指依据合同约定对项目设计、施工、监理、咨询、(　　)、设备材料供应和项目管理等全过程所发生费用进行决算的活动。

(A)技术服务　　(B)工程服务

(C)投运　　(D)建设　　答案:A。

6. 根据国家电网公司生产技术改造项目竣工决算管理规定:竣工决算是指依据合同约定对项目设计、施工、监理、咨询、技术服务、(　　)和项目管理等全过程所发生费用进行决算的活动。

(A)设备材料供应　　(B)工程服务

(C)投运　　(D)督查　　答案:A。

7. 根据国家电网公司生产技术改造项目竣工决算管理规定:项目竣工决算的责任部门是(　　)。

(A)国网运维检修部　　(B)国网财务资产部

(C)国网信息通信部　　(D)国家电力调度控制中心　　答案:A。

8. 根据国家电网公司生产技术改造项目竣工决算管理规定:项目竣工决算的归口管理部门是(　　)。

(A)国网运维检修部　　(B)国网财务资产部

(C)国网信息通信部　　(D)国家电力调度控制中心　　答案:B。

9. 根据国家电网公司生产技术改造项目竣工决算管理规定:项目竣工决算的责任部门是(　　)。

(A)安全监察质量处　　(B)国网财务资产部

(C)国网信息通信部　　(D)国家电力调度控制中心　　答案:A。

10. 根据国家电网公司生产技术改造项目竣工决算管理规定:国网运维检修部是项目竣工决算的(　　)部门。

(A)责任　　(B)归口管理

(C)职能　　(D)管理　　答案:A。

11. 根据国家电网公司生产技术改造项目竣工决算管理规定:财务资产部是项目竣工决算的(　　)部门。

(A)责任　　(B)归口管理
(C)职能　　(D)管理　　答案:B。

12. 项目竣工验收交付使用后(　　)个工作日内,资产保管使用单位建立设备台账,财务资产部门创建固定资产卡片。
(A)10　　(B)15
(C)20　　(D)30　　答案:A。

13. 项目竣工验收交付使用后(　　)个工作日内,施工单位编制项目结算书,物资、设计、监理等单位配合编制相应项目结算资料,并报送项目管理部门审核。
(A)10　　(B)15
(C)20　　(D)30　　答案:B。

14. 项目竣工验收交付使用后(　　)个工作日内,项目管理部门将审核后的项目结算资料提交审计部门。
(A)10　　(B)15
(C)25　　(D)35　　答案:C。

15. 项目竣工验收交付使用后(　　)个工作日内,审计部门出具审计意见。项目管理部门将审定的项目结算资料、移交资产明细表、项目竣工验收报告、合同、原始发票等结算资料,提交财务资产部门办理项目价款结算。
(A)10　　(B)15
(C)25　　(D)35　　答案:D。

16. 项目竣工验收交付使用后(　　)个月内,项目单位财务资产部门组织完成项目竣工决算报告的编制工作。
(A)1　　(B)2
(C)3　　(D)4　　答案:C。

17. 项目竣工决算报告编制完成(　　)个月内,项目单位完成竣工决算审计工作并出具审计报告。
(A)1　　(B)2
(C)3　　(D)4　　答案:B。

18. 审计报告出具后(　　)个工作日内,项目单位财务资产部门完成竣工决算报告的修订和转资。

(A)10　　(B)15

(C)20　　(D)30　　答案:B。

19. 以下说法不正确的是(　　)。

(A)合同对外确认之前,应由律师核实,以确保协议的合法性

(B)转包在我国是法律允许的

(C)施工项目成本控制应当贯穿于从投标阶段开始到竣工验收的整个过程

(D)建立安全生产责任制是施工安全技术措施计划实施的重要保证

答案:B。

20. 对于工程监理单位不按照委托监理合同的约定履行监理义务,对应当监督检查的项目不检查或者不按规定检查,给建设单位造成损失的,应当由(　　)承担相应的赔偿责任。

(A)工程监理单位　　(B)工程监理单位和承包单位

(C)工程承包单位　　(D)以上都不对　　答案:A。

二、多选题

1. 根据国家电网公司生产技术改造项目竣工决算管理规定:竣工决算综合反映项目的(　　)。

(A)建设时间、投资情况　　(B)工程概(预)算执行情况

(C)建设成果和财务状况　　(D)技术服务情况　　答案:ABC。

2. 根据国家电网公司生产技术改造项目竣工决算管理规定:国网运维检修部是项目竣工决算的责任部门,其职责是(　　)。

(A)贯彻执行国家、行业及公司有关方针政策、法律法规、标准、规程和制度

(B)负责制定公司项目竣工决算管理规定和工作标准,建立健全监督、考核管理体系

(C)负责指导、监督和考核公司项目结算管理工作

(D)负责协调项目结算工作中的重大问题,配合开展项目竣工决算工作

答案:ABCD。

3. 根据国家电网公司生产技术改造项目竣工决算管理规定:国网财务资产部是项目竣工决算的归口管理部门,其职责是(　　)。

(A)负责指导、监督和考核公司项目竣工决算管理工作

(B)负责组织公司总部资产项目竣工决算工作

(C)负责协调项目竣工决算工作中的有关问题,配合开展项目结算工作

(D)负责组织开展总部资产项目竣工决算审计工作　　答案:ABCD。

4. 根据国家电网公司生产技术改造项目竣工决算管理规定:负责本部门管理的总部资产项目结算、竣工决算相关工作的部门是(　　)。

(A)国网信息通信部　　(B)国家电力调度控制中心

(C)国网财务资产部　　(D)国网运维检修部　　答案:AB。

5. 根据国家电网公司生产技术改造项目竣工决算管理规定:项目竣工验收交付使用后15个工作日内,施工单位编制项目结算书,(　　)单位配合编制相应项目结算资料,并报送项目管理部门审核。

(A)物资　　(B)设计

(C)财务　　(D)监理　　答案:ABD。

6. 根据国家电网公司生产技术改造项目竣工决算管理规定：项目管理部门需要将审定的(　　)等结算资料，提交财务资产部门办理项目价款结算。

(A)项目结算资料　　(B)移交资产明细表

(C)项目竣工验收报告、合同　　(D)原始发票　　答案：ABCD。

7. 根据国家电网公司生产技术改造项目竣工决算管理规定：审计报告出具后15个工作日内，项目单位财务资产部门完成竣工决算报告的(　　)。

(A)修订　　(B)修改

(C)转资　　(D)转移　　答案：AC。

8. 根据国家电网公司生产技术改造项目竣工决算管理规定：竣工结算编制依据，招投标文件包括(　　)。

(A)招标澄清文件　　(B)投标报价及承诺书

(C)中标文件　　(D)施工组织方案　　答案：ABC。

9. 根据国家电网公司生产技术改造项目竣工决算管理规定：项目管理部门应组织编制项目竣工结算报告，项目竣工结算报告由(　　)组成。

(A)报告封面

(B)签署页

(C)生产技术改造项目竣工结算表

(D)其他相关表格和资料　　答案：ABCD。

10. 根据国家电网公司生产技术改造项目竣工决算管理规定：竣工决算报告编制依据有(　　)。

(A)经批准的项目可行性报告、初步设计和批复概算文件、施工图预算、设计变更、项目投资计划等文件资料

(B)与有关单位签订的施工、设备等合同或协议(含补充合同或协议)、招投标文件(书)及竣工结算文件

(C)会计核算资料

(D)工程监理总结报告、施工总结报告、竣工验收报告等　　答案：ABCD。

11. 根据国家电网公司生产技术改造项目竣工决算管理规定：属于竣工决算报告编制依据的有(　　)。

(A)工程监理总结报告　　(B)施工总结报告

(C)竣工验收报告　　　　　　　(D)生产技术改造项目竣工结算表

答案:ABC。

12. 根据国家电网公司生产技术改造项目竣工决算管理规定:竣工决算报告由(　　)组成。

(A)报告封面

(B)竣工决算报告说明书

(C)生产技术改造项目竣工决算表

(D)审计报告及其他重要文件　　答案:ABCD。

13. 根据国家电网公司生产技术改造项目竣工决算管理规定:竣工决算报告说明书主要包括(　　)。

(A)工程概况　　　　　　　(B)项目总评价

(C)各项经济技术分析　　　　(D)预留未完工程的说明　答案:ABCD。

14. 根据国家电网公司生产技术改造项目竣工决算管理规定:检查考核第三十八条,各级项目管理部门应做好(　　)。

(A)不定期抽查项目结算工作,监督落实管理职责和工作流程

(B)针对项目结算及管理中的关键环节和普遍问题,组织开展项目结算专项检查

(C)不定期通报项目结算管理工作情况,分析存在的问题,总结项目结算及管理阶段性成果

(D)审查竣工决算报备文件的规范性　　答案:ABC。

15. 根据国家电网公司生产技术改造项目竣工决算管理规定:检查考核第三十九条,各级财务管理部门应做好(　　)。

(A)审查竣工决算报备文件的规范性

(B)及时统计分析报备项目费用结余情况,组织项目决算督察,制定并落实项目决算整改意见

(C)针对项目结算及管理中的关键环节和普遍问题,组织开展项目结算专项检查

(D)统计各单位项目决算完成情况,分析决算投资较批准概算结余情况

答案:ABD。

三、判断题

1. 竣工决算是指依据合同约定对项目设计、施工、监理、咨询、技术服务、设备材料供应和项目管理等全过程所发生费用进行决算的活动,是包括建筑工程费、安装工程费、拆除工程费、设备购置费和其他费用在内的工程费用全口径决算。(√)

2. 竣工决算综合反映项目建设时间、投资情况、工程概(预)算执行情况、建设成果和财务状况,是核定新增资产价值的基础工作。(√)

3. 国网财务资产部是项目竣工决算的责任部门,负责制定公司项目竣工决算管理规定和工作标准,建立健全监督、考核管理体系。(×)

4. 国网财务资产部是项目竣工决算的归口管理部门,负责组织公司总部资产项目竣工决算工作。(√)

5. 国网财务资产部是项目竣工决算的归口管理部门,负责协调项目竣工决算工作中的有关问题,配合开展项目结算工作。(√)

6. 项目竣工验收交付使用后 30 个工作日内,资产保管使用单位建立设备台账,财务资产部门创建固定资产卡片。(×)

7. 项目竣工验收交付使用后 15 个工作日内,施工单位编制项目结算书,物资、设计、监理等单位配合编制相应项目结算资料,并报送项目管理部门审核。(√)

8. 项目竣工验收交付使用后 25 个工作日内,项目管理部门将审核后的项目结算资料提交审计部门。(√)

9. 项目竣工验收交付使用后 35 个工作日内,审计部门出具审计意见。(√)

10. 项目管理部门将审定的项目结算资料、移交资产明细表、项目竣工验收报告、合同、原始发票等结算资料,提交财务资产部门办理项目价款结算。(√)

11. 项目竣工验收交付使用后 3 个月内,项目管理部门组织完成项目竣工

决算报告的编制工作。(×)

12. 项目竣工决算报告编制完成1个月内,项目单位完成竣工决算审计工作并出具审计报告。(√)

13. 审计报告出具后15个工作日内,项目单位财务资产部门完成竣工决算报告的修订和转资。(√)

14. 项目竣工后,项目单位应依据合同约定,对项目前期、设计、施工、监理、咨询、技术服务、设备材料采购和工程管理等费用进行结算。(√)

15. 项目竣工验收合格后,项目单位应依据相关合同,组织各参建单位完成设计、施工、监理、咨询、技术服务、设备材料供应等费用结算,并在规定的时间内完成审核。(√)

16. 施工结算文件应包含施工方申请结算的全部费用及相关依据,对于结算资料不齐全的项目可以先行结算再行补充结算资料。(×)

17. 项目管理部门应组织编制项目竣工结算报告,项目竣工结算报告包括报告封面、签署页、生产技术改造项目竣工结算表等表格和资料。(√)

18. 项目竣工决算报告是正确登记固定资产卡片的依据,必须准确分析、分摊应计入资产价值的其他费用支出,并执行公司固定资产管理有关规定。(√)

19. 根据项目规模和性质可单独或批量编制竣工决算报告,对于单独编制竣工结算报告的项目应单独编制竣工决算报告,其他项目可简化竣工决算报告的编制内容,并按项目单位批量编制竣工决算报告。(√)

20. 竣工决算报告说明书主要包括工程概况、项目总评价、各项经济技术分析、预留未完工程的说明、竣工决算编制方法、审计意见处理情况及其他需要说明的事项。(√)

21. 项目竣工决算报告应经内部审计机构或中介机构进行审计,并出具审计意见。(√)

第五章　电网生产技改大修档案资料管理规定习题

一、单选题

1. 生产技改大修工程资料管理职责中，省公司省调控中心的职责是(　　)。

(A)负责组织制定公司生产技改大修工程资料管理实施细则，建立公司生产技改大修项目工程资料管理规范

(B)负责组织、指导和监督公司生产技改大修工程资料管理工作

(C)负责将生产技改大修工程资料管理纳入生产技改大修精益化管理评价中，对各项目单位工作质量进行考核

(D)负责本单位生产技改大修工程资料收集、整理、储存、传递和应用

答案：D。

2. 工程前期阶段，项目下达后，各项目单位确定项目负责人，项目负责人在物资招标和服务采购中标结果下达(　　)个工作日内，将申报表和中标通知书归档。

(A)5　　(B)10

(C)15　　(D)20

答案：A。

3. 工程施工阶段，设备到货并完成验收(　　)个工作日内，项目负责人完成说明书、出厂证明、合格证等设备验收资料收集，并移交工程专责归档。

(A)5　　(B)10

(C)15　　(D)20

答案：A。

4. 工程施工阶段，工程如需更改设计，履行设计变更手续(　　)个工作日内，项目负责人负责工程签证单等资料收集，并移交工程专责归档。

(A)5　　(B)10

(C)15 (D)20 答案:B。

5. 工程施工阶段,废旧物资拆除( )个工作日内,项目负责人负责拆旧物资入库单等资料收集,并移交工程专责归档。

(A)5 (B)10

(C)15 (D)20 答案:A。

6. 工程竣工验收阶段,工程竣工并验收合格后( )个工作日内,施工单位报送竣工资料和结算单。

(A)5 (B)10

(C)15 (D)20 答案:C。

7. 工程竣工验收阶段,工程结算审查完成后( )个工作日内,工程专责完成结算资料的归档。

(A)5 (B)10

(C)15 (D)20 答案:B。

8. 工程竣工验收阶段,工程决算完成后( )个工作日内,工程专责完成决算资料的归档,同时核对工程资料清单,形成完整的工程档案资料。

(A)5 (B)10

(C)15 (D)20 答案:D。

9. 各项目单位的项目负责人和工程专责分别按照分工,开展资料搜集、整理、归档工作。其中,( )负责审核资料完整性、规范性和及时性。

(A)工程专责 (B)项目负责人

(C)部门负责人 (D)项目经理 答案:A。

10. 设备到货并完成验收5个工作日内,( )完成说明书、出厂证明、合格证等设备验收资料收集,并移交工程专责归档。

(A)工程专责 (B)项目负责人

(C)部门负责人 (D)项目经理 答案:B。

11. 施工过程中进行的安全、质量督查,中间验收需留有记录,所有记录由( )收集,并移交工程专责归档。

(A)工程专责 (B)项目负责人
(C)部门负责人 (D)项目经理 答案:B。

12. 废旧物资拆除5个工作日内,项目负责人负责拆旧物资入库单等资料收集,并移交( )归档。
(A)工程专责 (B)项目经理
(C)项目负责人 (D)部门负责人 答案:A。

13. 项目管理单位应在生产技术改造项目竣工投运后( )个月内完成归档移交工作。
(A)1 (B)2
(C)3 (D)4 答案:C。

14. 项目管理单位应在生产设备大修项目竣工投运后( )个月内完成归档移交工作。
(A)1 (B)2
(C)3 (D)4 答案:A。

15. 项目档案管理工作须纳入项目过程管理,与项目实施同步进行,按照( )归档。
(A)一项目一档案 (B)集中档案管理
(C)统一管理 (D)综合计划批次 答案:A。

二、多选题

1. 生产技改大修工程资料管理坚持的原则是(　　)。

(A)归口管理　　(B)统一管理

(C)分级负责　　(D)谁主管谁负责　　答案:AC。

2. 生产技改大修工程资料管理职责中,省公司运检部的职责是(　　)。

(A)负责组织制定公司生产技改大修工程资料管理实施细则,建立公司生产技改大修项目工程资料管理规范

(B)负责组织、指导和监督公司生产技改大修工程资料管理工作

(C)负责将生产技改大修工程资料管理纳入生产技改大修精益化管理评价中,对各项目单位工作质量进行考核

(D)负责本单位生产技改大修工程资料收集、整理、储存、传递和应用

答案:ABC。

3. 工程资料管理按类别具体分为(　　)。

(A)费用管理　　(B)进度管理

(C)质量管理　　(D)合同管理　　答案:ABCD。

4. 工程资料管理中属于费用管理的是(　　)。

(A)可研批复　　(B)投资计划

(C)项目概算、预算　　(D)工程结算　　答案:ABCD。

5. 工程资料管理中属于进度管理的是(　　)。

(A)总实施进度计划　　(B)实际进度统计信息

(C)项目日志　　(D)工程变更情况　　答案:ABC。

6. 工程资料管理中属于质量管理的是(　　)。

(A)质量检查　　(B)隐蔽验收记录

(C)设备证明　　(D)监理报告　　答案:ABCD。

7. 工程资料管理中属于合同管理的是(　　)。

(A)招投标文件　　(B)各类工程合同

(C)合同变更、签证记录　　(D)各类备忘录　　答案:ABC。

8. 工程资料管理中,工程前期阶段资料归档工作包括(　　)。

(A)项目批复后,各项目单位的工程专责及时分解项目,制订年度实施计划,并逐项建立工程档案盒,将项目可研批复、计划批复文件归档

(B)项目下达后,各项目单位确定项目负责人,项目负责人在物资招标和服务采购中标结果下达5个工作日内,将申报表和中标通知书归档

(C)项目施工前,项目负责人将施工图设计及审查文件、施工合同、安全协议、物资合同、固定资产报废手续、设计交底、安全交底、开工报告、施工方案等资料交工程专责归档

(D)施工过程中进行的安全、质量督查,中间验收,需留有记录,所有记录由项目负责人收集,并移交工程专责归档　　答案:ABC。

9. 工程资料管理中,工程施工阶段资料归档工作包括(　　)。

(A)设备到货并完成验收5个工作日内,项目负责人完成说明书、出厂证明、合格证等设备验收资料收集,并移交工程专责归档

(B)施工过程中进行的安全、质量督查,中间验收,需留有记录,所有记录由项目负责人收集,并移交工程专责归档

(C)工程如需更改设计,履行设计变更手续10个工作日内,项目负责人负责工程签证单等资料收集,并移交工程专责归档

(D)工程实施过程中,涉及青苗、占地赔偿等,项目负责人负责收集相关协议和证明材料,并移交工程专责归档　　答案:ABCD。

10. 工程资料管理中,工程竣工验收阶段资料归档工作包括(　　)。

(A)工程竣工并验收合格后15个工作日内,施工单位报送竣工资料和结算单。工程专责负责审核各种竣工资料,资料不齐全的工程,可拒绝签收

(B)工程结算审查完成后10个工作日内,工程专责完成结算资料的归档

(C)工程决算完成后20个工作日内,工程专责完成决算资料的归档,同时核对工程资料清单,形成完整的工程档案资料

(D)废旧物资拆除5个工作日内,项目负责人负责拆旧物资入库单等资料收集,并移交工程专责归档　　答案:ABC。

11. 各项目单位应遵循工程资料全过程管理原则,在工程实施过程中,同步开展资料(　　)工作。

(A)收集　　(B)准备

(C)归档　　(D)整理　　答案:ACD。

12.《国家电网公司生产技术改造和设备大修项目档案管理规定》中，国网办公厅的职责是(　　)。

(A)对公司项目档案进行统一管理

(B)贯彻执行国家、行业及公司有关档案管理的法律法规、方针政策、制度、标准、规范等

(C)建立和完善公司项目档案管理制度和相关标准

(D) 监督、指导公司项目档案管理工作，组织开展相关检查、评价与考核

答案：ABCD。

13.《国家电网公司生产技术改造和设备大修项目档案管理规定》中，国网运检部的职责是(　　)。

(A)负责公司项目文件材料归档工作的牵头管理和组织协调

(B)负责指导所属单位项目档案管理工作

(C)委托相关单位开展公司总部资产项目文件材料收集、整理及移交工作

(D)监督、指导公司项目档案管理工作，组织开展相关检查、评价与考核

答案：ABC。

14.《国家电网公司生产技术改造和设备大修项目档案管理规定》中，国网物资部的职责是(　　)。

(A)负责组织收集、整理总部招标项目的设计、监理、施工、设备(材料)等采购(含招投标)过程中形成的文件材料，归档移交相关单位

(B)公司专业部门完成项目相关文件材料归档、移交工作

(C)配合项目管理部门确认总部招标项目中标通知书、采购合同相关信息

(D)负责指导所属单位项目档案管理工作　答案：AC。

15.《国家电网公司生产技术改造和设备大修项目档案管理规定》中，省公司办公室的职责是(　　)。

(A)作为项目档案业务归口管理部门，负责贯彻落实公司项目档案相关管理制度

(B)对本单位项目档案工作进行监督、检查和指导

(C)负责本单位专业部门实施的项目档案的接收、保管、统计和利用服务工作

(D)组织开展档案编研和鉴定销毁工作，组织实施档案培训工作

答案：ABCD。

16.《国家电网公司生产技术改造和设备大修项目档案管理规定》中,省公司运检部的职责是(　　)。

(A)负责项目文件材料归档工作的牵头管理和组织协调

(B)负责指导所属单位项目档案管理工作

(C)负责本单位项目文件材料的全过程管理

(D)组织开展本单位负责实施的项目文件材料的归档工作　　答案:ABCD。

17.《国家电网公司生产技术改造和设备大修项目档案管理规定》中,省公司物资部的职责是(　　)。

(A)负责组织收集、整理项目设计、监理、施工、设备(材料)等采购(含招投标)过程中形成的文件材料,并按规定完成归档移交

(B)是完成项目相关文件材料归档、移交工作

(C)配合项目管理部门确认招标项目中标通知书、采购合同相关信息

(D)负责指导所属单位项目档案管理工作　　答案:AC。

18.《国家电网公司生产技术改造和设备大修项目档案管理规定》中,地市公司运检部的职责是(　　)。

(A)负责组织审查项目建设过程中设计、施工、监理等参建单位归档文件材料的真实性、准确性、完整性

(B)负责本单位项目文件材料的全过程管理

(C)负责提供本单位项目所需的相关文件材料

(D)负责组织相关部门及项目管理单位完成档案归档工作　　答案:ABD。

19. 关于《国家电网公司生产技术改造和设备大修项目档案管理规定》中,下列描述正确的是(　　)。

(A)归档的项目文件材料应齐全、规范,字迹清晰,图标整洁,照片清晰、完整,签字盖章手续完备,书写字迹应符合耐久性要求

(B)电子文件整理时应写明电子文件的载体类型、设备环境特征

(C)凡本单位的发文、主送或抄送本单位的收文,可以为复印件归档

(D)归档的载体应是只读光盘、硬磁盘等,载体除光盘外应贴有标签,标签上应注明载体序号、档号、保管期限、密级、存入日期等　　答案:ABD。

20. 关于《国家电网公司生产技术改造和设备大修项目档案管理规定》中,有关整理组卷的描述正确的是(　　)。

(A)生产技改备用项目包应按项目整理

(B)项目形成的纸质和电子归档文件材料应严格按照公司档案管理规定格式进行组卷

(C)整理的纸质案卷封面、卷内目录以及卷内备考表，应如实填写规定事项、内容

(D)项目管理单位、各参建单位等应按照职责分工，结合项目进展和实际发生的先后顺序及时收集有关项目文件材料，并按档案管理的要求进行整理　　答案：BCD。

21. 关于《国家电网公司生产技术改造和设备大修项目档案管理规定》中，有关验收及移交的描述正确的是(　　)。

(A)项目档案执行两级验收，包括项目管理单位自验收和档案管理单位验收

(B)项目档案组卷完成后，项目管理单位组织对项目文件材料进行自验收并整改完善，确保档案真实、准确和完整

(C)自验收完成后，项目管理单位提出验收申请，由各级运检部门会同档案管理部门组织开展档案验收工作

(D)项目文件材料通过验收后，由项目管理单位向各级运检部门移交，并履行签字确认手续。　　答案：ABC。

三、判断题

1. 生产技改大修工程资料管理坚持归口管理、分级负责的原则。(√)

2. 各项目单位应遵循工程资料全过程管理原则,在工程实施过程中,同步开展资料收集、归档和整理工作。杜绝工程结束后,突击整理资料现象。(√)

3. 各项目单位的项目负责人和工程专责分别按照分工,开展资料收集、整理、归档工作。其中,项目负责人负责审核资料完整性、规范性和及时性。(×)

4. 项目下达后,各项目单位确定项目负责人,项目负责人在物资招标和服务采购中标结果下达10个工作日内,将申报表和中标通知书归档。(×)

5. 项目批复后,各项目单位的工程专责及时分解项目,制订年度实施计划,并逐项建立工程档案盒,将项目可研批复、计划批复文件归档。(√)

6. 项目施工前,项目负责人将施工图设计及审查文件、施工合同、安全协议、物资合同、固定资产报废手续、设计交底、安全交底、开工报告、施工方案等资料交工程专责归档。(√)

7. 工程如需更改设计,履行设计变更手续15个工作日内,项目负责人负责工程签证单等资料收集,并移交工程专责归档。(×)

8. 工程竣工并验收合格后15个工作日内,施工单位报送竣工资料和结算单。项目负责人负责审核各种竣工资料,资料不齐全的工程,可拒绝签收。(×)

9. 工程结算审查完成后15个工作日内,工程专责完成结算资料的归档。(×)

10. 工程决算完成后20个工作日内,项目负责人完成决算资料的归档,同时核对工程资料清单,形成完整的工程档案资料。(×)

11. 项目档案管理工作须纳入项目过程管理,与项目实施同步进行,按照

"一项目一档案"归档。（√）

12. 项目档案管理必须严格执行国家保密法律法规和公司保密工作相关规定。（√）

13. 物资部门负责提供本单位专业部门项目所需的相关文件材料，配合项目管理部门完成项目档案移交工作。（×）

14. 凡本单位的发文、主送或抄送本单位的收文，都要求以复印件归档。（×）

15. 合同、协议及工程启动验收签证书等需双方或多方履行签字手续的文件，签字方均应以正本归档。（√）

16. 归档的项目文件材料应齐全、规范，字迹清晰，图标整洁，照片画面清晰、完整，签字盖章手续完备，书写字迹应符合耐久性要求。（√）

17. 设计变更、施工质量处理、缺陷处理报告等，无须全过程地详细记录。（×）

18. 电子文件整理时应写明电子文件的载体类型、设备环境特征。（√）

19. 归档的载体应是只读光盘、硬磁盘等，载体除光盘外应贴有标签，标签上应注明载体序号、档号、保管期限、密级、存入日期等。（√）

20. 项目管理单位、各参建单位等应按照职责分工，结合项目进展和实际发生的先后顺序及时收集有关项目文件材料，并按档案管理的要求进行整理。其中，生产技改备用项目包应按子项目整理。（√）

21. 项目档案执行三级验收，包括施工单位验收、项目管理单位自验收和档案管理单位验收。（×）

22. 项目档案组卷完成后，档案管理单位组织对项目文件材料进行自验收并整改完善，确保档案真实、准确和完整。（×）

23. 项目文件材料通过验收后,由各级运检部门组织项目管理单位向档案管理部门移交,并履行签字确认手续。(√)

24. 项目管理单位应在生产技术改造项目竣工投运后 3 个月内、生产设备大修项目竣工投运后 3 个月内完成归档移交工作。(×)

第六章　电网生产技改应急备用包管理规定习题

一、单选题

1. 项目包管理遵循(　　)的原则,各项目单位要严格执行国家法律法规、行业和地方政策,落实公司生产技术改造相关通用制度,加强储备、计划、实施和检查考核等全过程管控,确保其发挥应有作用。

(A)统一管理、随报随批、分批分解

(B)谁主管谁负责

(C)分级审查、集中批复

(D)统一管理、年度计划　　答案:A。

2. 项目包可分解为35kV及以下业扩报装配套项目和(　　)。

(A)10kV老旧配变改造项目

(B)新增设备隐患治理项目

(C)新增或延伸0.4kV线路改造项目

(D)新增间隔项目、新增变压器布点项目　　答案:B。

3. 因用户新装、增容或变更用电,需要对现有35kV及以下设备进行改造的生产技改项目。下列项目符合其要求的是(　　)。

(A)设备运行状况良好,仅需对变压器或线路进行增容的项目

(B)需线路全线改造或需对线路干线进行整体改造的项目

(C)需延伸现有线路的改造项目

(D)变电站或配电站房内的35kV及以下开关柜及相关设备改造的项目

答案:D。

4. 新增设备隐患治理项目,下列选项中,属于新增设备隐患治理项目的是(　　)。

(A)除年度计划下达的项目外,因日常运维工作中发现电网设备存在重大隐患或严重缺陷导致设备运行状态异常并需短期内实施完成的生产技改项目

(B)因不可抗力、自然灾害和设备损坏等引起需紧急实施和需履行国网公司备案程序后方可实施的生产技改项目

(C)设备运行状况良好,仅需对变压器或线路进行增容的项目

(D)变电站或配电站房内的35kV及以下开关柜及相关设备改造的项目

答案:A。

5. 生产技改备用项目包管理职责中,省公司运检部的职责是(　　)。

(A)负责组织开展项目包计划和预算规模预测,提出项目包年度计划和预算建议,并根据执行情况提出调整建议;负责项目包分解项目审批、下达、实施管理和检查考核

(B)负责35kV及以下业扩报装供电方案及配套技改项目的可研编制管理,负责工程实施用户配合管理工作

(C)负责将项目包纳入综合计划管理,及时对分解项目下达项目编码

(D)负责将项目包预算纳入年度预算管理,及时在财务管控系统中发布项目预算

答案:A。

6. 生产技改备用项目包管理职责中,省公司营销部的职责是(　　)。

(A)负责组织开展项目包计划和预算规模预测,提出项目包年度计划和预算建议,并根据执行情况提出调整建议;负责项目包分解项目审批、下达、实施管理和检查考核

(B)负责35kV及以下业扩报装供电方案及配套技改项目的可研编制管理,负责工程实施用户配合管理工作

(C)负责将项目包纳入综合计划管理,及时对分解项目下达项目编码

(D)负责将项目包预算纳入年度预算管理,及时在财务管控系统中发布项目预算。

答案:B。

7. 生产技改备用项目包管理职责中,省公司发展部的职责是(　　)。

(A)负责组织开展项目包计划和预算规模预测,提出项目包年度计划和预算建议,并根据执行情况提出调整建议;负责项目包分解项目审批、下达、实施管理和检查考核

(B)负责35kV及以下业扩报装供电方案及配套技改项目的可研编制管

理，负责工程实施用户配合管理工作

(C)负责将项目包纳入综合计划管理，及时对分解项目下达项目编码

(D)负责将项目包预算纳入年度预算管理，及时在财务管控系统中发布项目预算

答案：C。

8. 生产技改备用项目包管理职责中，省公司财务部的职责是(　　)。

(A)负责组织开展项目包计划和预算规模预测，提出项目包年度计划和预算建议，并根据执行情况提出调整建议；负责项目包分解项目审批、下达、实施管理和检查考核

(B)负责35kV及以下业扩报装供电方案及配套技改项目的可研编制管理，负责工程实施用户配合管理工作

(C)负责将项目包纳入综合计划管理，及时对分解项目下达项目编码

(D)负责将项目包预算纳入年度预算管理，及时在财务管控系统中发布项目预算

答案：D。

9. 生产技改备用项目包管理职责中，省公司物资部的职责是(　　)。

(A)负责项目包分解项目物资、服务的及时供应

(B)负责35kV及以下业扩报装供电方案及配套技改项目的可研编制管理，负责工程实施用户配合管理工作

(C)负责将项目包纳入综合计划管理，及时对分解项目下达项目编码

(D)负责将项目包预算纳入年度预算管理，及时在财务管控系统中发布项目预算

答案：A。

10. 生产技改备用项目包管理职责中，市公司运检部的职责是(　　)。

(A)负责组织开展本单位项目包额度的需求测算工作；负责根据实际需求组织提报项目并审核、批复200万以下项目；负责组织项目实施

(B)负责开展35kV及以下业扩报装配套技改项目的预测上报、可研编制，负责项目实施阶段用户配合协调工作

(C)负责将项目包分解项目纳入综合计划管理

(D)负责将项目包分解项目预算纳入年度预算管理，及时在财务管控系统中发布项目预算

答案：A。

11. 生产技改备用项目包管理职责中，市公司营销部的职责是(　　)。

(A)负责组织开展本单位项目包额度的需求测算工作；负责根据实际需求

组织提报项目并审核、批复200万以下项目;负责组织项目实施
(B)负责开展35kV及以下业扩报装配套技改项目的预测上报、可研编制,负责项目实施阶段用户配合协调工作
(C)负责将项目包分解项目纳入综合计划管理
(D)负责将项目包分解项目预算纳入年度预算管理,及时在财务管控系统中发布项目预算
答案:B。

12. 生产技改备用项目包管理职责中,市公司财务部的职责是(　　)。
(A)负责组织开展本单位项目包额度的需求测算工作;负责根据实际需求组织提报项目并审核、批复200万以下项目;负责组织项目实施
(B)负责开展35kV及以下业扩报装配套技改项目的预测上报、可研编制,负责项目实施阶段用户配合协调工作
(C)负责将项目包分解项目纳入综合计划管理
(D)负责将项目包分解项目预算纳入年度预算管理,及时在财务管控系统中发布项目预算
答案:D。

13. 生产技改备用项目包管理职责中,市公司发策部的职责是(　　)。
(A)负责组织开展本单位项目包额度的需求测算工作;负责根据实际需求组织提报项目并审核、批复200万以下项目;负责组织项目实施
(B)负责开展35kV及以下业扩报装配套技改项目的预测上报、可研编制,负责项目实施阶段用户配合协调工作
(C)负责将项目包分解项目纳入综合计划管理
(D)负责将项目包分解项目预算纳入年度预算管理,及时在财务管控系统中发布项目预算
答案:C。

14. 生产技改备用项目包管理职责中,市公司物资部的职责是(　　)。
(A)负责组织开展本单位项目包额度的需求测算工作;负责根据实际需求组织提报项目并审核、批复200万以下项目;负责组织项目实施
(B)负责开展35kV及以下业扩报装配套技改项目的预测上报、可研编制,负责项目实施阶段用户配合协调工作
(C)负责配合运检部做好物资、服务招投标工作
(D)负责将项目包分解项目预算纳入年度预算管理,及时在财务管控系统中发布项目预算
答案:C。

15. 生产技改备用项目包管理职责中,县公司的职责是(　　)。

(A)负责组织开展本单位项目包额度的需求测算工作;负责根据实际需求组织提报项目并审核、批复200万以下项目;负责组织项目实施

(B)负责提出本单位项目需求提报;负责组织本单位项目实施

(C)负责配合运检部做好物资、服务招投标工作

(D)负责将项目包分解项目预算纳入年度预算管理,及时在财务管控系统中发布项目预算

答案:B。

16. 项目包纳入省公司年度综合计划和预算安排,各项目单位根据用户报装配套和设备隐患治理实际需要及时向(　　)提出具体分解项目申请,履行相关审批后,列入各项目单位综合计划和预算。

(A)省公司营销部　　(B)省公司运检部

(C)省公司发展部　　(D)省公司财务部

答案:B。

17. 关于可研评审与批复中,(　　)项目由市公司运检部组织经研所开展项目可研审查、批复。

(A)100万元以下　　(B)200万元以下

(C)200万元及以上　　(D)500万元及以上

答案:B。

18. 关于可研评审与批复中,(　　)项目由省公司运检部组织经研所开展项目可研审查、批复。

(A)100万元以下　　(B)200万元以下

(C)200万元及以上　　(D)500万元及以上

答案:C。

19. 关于可研评审与批复中,(　　)项目需报国网公司运检部履行备案程序。

(A)100万元以下项目　　(B)200万元以下项目

(C)200万元及以上　　(D)500万元及以上

答案:D。

20. 省公司调控中心、直属单位项目包分解项目可研由省经研院评审,由(　　)集中批复。

(A)省公司营销部　　(B)省公司运检部

(C)省公司发展部　　(D)省公司财务部

答案:B。

21. 项目包分解项目在可研评审完成后,经省公司运检部审核同意,各项目单位方可组织实施。省公司发展部和(　　)在项目审核同意后,3个工作日内完成项目编码推送和预算发布工作。

(A)省公司营销部　　(B)省公司运检部

(C)省公司物资部　　(D)省公司财务部　　答案:D。

22. 各项目单位在编码推送和预算发布后(　　)个工作日内在ERP系统中完成项目创建工作。

(A)3　　(B)5

(C)7　　(D)10　　答案:A。

23. 项目单位在项目创建后,结合物资、服务招标批次、设备停电计划,(　　)个工作日内完成编制里程碑计划,并按照里程碑计划组织项目实施。

(A)3　　(B)5

(C)7　　(D)10　　答案:B。

24. 每季度省公司运检部对项目包分解项目规范性和必要性是否满足要求,可研报告、分级评审意见等相关资料是否完备,项目质量是否满足要求等情况进行检查,并将检查情况纳入精益化指标中备用项目包管理中进行考核,对于不满足要求的,每个项目扣(　　)分,扣完(　　)分为止。

(A)0.5,2　　(B)0.5,4

(C)1,2　　(D)1,4　　答案:B。

25. 对于超过500万元项目未按照管理规定开展及时备案的,纳入精益化指标中备用项目包管理,每个项目扣(　　)分。

(A)0.2　　(B)0.5

(C)1　　(D)2　　答案:B。

二、多选题

1. 项目包管理遵循(　　)的原则,各项目单位要严格执行国家法律法规、行业和地方政策,落实公司生产技术改造相关通用制度,加强储备、计划、实施和检查考核等全过程管控,确保其发挥应有作用。

(A)统一管理　　(B)随报随批

(C)分批分解　　(D)年度管理　　答案:ABC。

2. 项目包可分解为(　　)。

(A)35kV 及以下业扩报装配套项目

(B)10kV 及以下业扩报装配套项目

(C)新增设备隐患治理项目

(D)设备隐患治理项目　　答案:AC。

3. 35kV 及以下业扩报装配套项目包括(　　)。

(A)因用户新装、增容或变更用电,需要对现有 35kV 及以下设备进行改造的生产技改项目

(B)新增间隔项目、新增变压器布点

(C)日常运维工作中发现电网设备存在重大隐患

(D)因不可抗力、自然灾害和设备损坏等引起需紧急实施　　答案:AB。

4. 因用户新装、增容或变更用电,需要对现有 35kV 及以下设备进行改造的生产技改项目(　　)。

(A)变电站或配电站房内的 35kV 及以下开关柜及相关设备改造

(B)35kV 及以下局部线路改造

(C)10kV 老旧配变更换

(D)为减少停电范围而增加 10kV 配电线路分段开关　　答案:ABCD。

5. 新增间隔项目、新增变压器布点包括(　　)。

(A)设备运行状况良好,仅需对变压器或线路进行增容的

(B)需线路全线改造或需对线路干线进行整体改造的

(C)需延伸现有线路的

(D)配电网网架结构调整而增加联络开关或分段开关的均应纳入基建项目

答案:ABCD。

6. 新增设备隐患治理项目,除年度计划下达的项目外包括(　　)。
(A)日常运维工作中发现电网设备存在重大隐患
(B)因不可抗力、自然灾害和设备损坏等引起需紧急实施完成的生产技改项目
(C)严重缺陷导致设备运行状态异常并需短期内实施完成
(D)需履行国网公司备案程序后方可实施的生产技改项目　　答案:AC。

7. 生产技改备用项目包管理职责中,省公司运检部的职责是(　　)。
(A)组织开展项目包计划和预算规模预测
(B)提出项目包年度计划和预算建议,并根据执行情况提出调整建议
(C)负责项目包分解项目审批、下达、实施管理和检查考核
(D)负责35kV及以下业扩报装供电方案及配套技改项目的可研编制管理
答案:ABC。

8. 生产技改备用项目包管理职责中,省公司营销部的职责是(　　)。
(A)负责35kV及以下业扩报装供电方案及配套技改项目的可研编制管理
(B)提出项目包年度计划和预算建议,并根据执行情况提出调整建议
(C)负责项目包分解项目审批、下达、实施管理和检查考核
(D)负责工程实施用户配合管理工作　　答案:AD。

9. 生产技改备用项目包管理职责中,省公司发展部的职责是(　　)。
(A)负责将项目包纳入综合计划管理
(B)提出项目包年度计划和预算建议,并根据执行情况提出调整建议
(C)及时对分解项目下达项目编码
(D)负责工程实施用户配合管理工作　　答案:AC。

10. 生产技改备用项目包管理职责中,省公司财务部的职责是(　　)。
(A)负责将项目包预算纳入年度预算管理
(B)及时在财务管控系统中发布项目预算
(C)及时对分解项目下达项目编码
(D)负责工程实施用户配合管理工作　　答案:AB。

11. 生产技改备用项目包管理职责中,市公司运检部的职责是(　　)。
(A)负责组织开展本单位项目包额度的需求测算工作

(B)负责根据实际需求组织提报项目并审核、批复 200 万以下项目
(C)负责组织项目实施
(D)负责所属各县公司提报的项目包项目审核、可研批复,检查、分析和考核项目执行情况　　答案:ABCD。

12. 生产技改备用项目包管理职责中,市公司营销部的职责是(　　)。
(A)负责组织开展本单位项目包额度的需求测算工作
(B)负责开展 35kV 及以下业扩报装配套技改项目的预测上报、可研编制
(C)负责项目实施阶段用户配合协调工作
(D)负责所属各县公司提报的项目包项目审核、可研批复,检查、分析和考核项目执行情况　　答案:BC。

13. 生产技改备用项目包管理职责中,市公司财务部的职责是(　　)。
(A)负责将项目包预算纳入年度预算管理
(B)及时在财务管控系统中发布项目预算
(C)及时对分解项目下达项目编码
(D)负责工程实施用户配合管理工作　　答案:AB。

14. 生产技改备用项目包管理流程中,项目包中的项目按照(　　)原则进行管理。
(A)分级审查　　(B)谁主管谁负责
(C)统一管理　　(D)集中批复　　答案:AD。

15. 生产技改备用项目包管理流程中,关于可研编制的描述,下列选项中正确的是(　　)。
(A)35kV 及以下业扩报装配套项目由各项目单位营销部组织编制供电方案并同步按照技改管理规定编制项目可研
(B)35kV 及以下业扩报装配套项目由各项目单位运检部组织编制供电方案并同步按照技改管理规定编制项目可研
(C)新增设备隐患治理项目由项目单位运检部组织编制项目可研
(D)可研报告应达到初设深度　　答案:ACD。

16. 生产技改备用项目包管理流程中,关于可研评审与批复的描述,下列说法中正确的是(　　)。

(A)200万元以下项目由市公司运检部组织经研所开展项目可研审查、批复

(B)可研审查通过后,各项目单位及时在PMS系统中录入项目基本信息、可研等,并上报省公司运检部

(C)县公司项目由市公司运检部组织审查,并集中批复

(D)各省、市公司运检部集中开展项目可研批复工作,每季度第一个月完成上季度项目包分解项目可研批复,并及时将批复文件更新至PMS系统

答案:ABCD。

17. 生产技改备用项目包管理流程中,关于项目创建的描述,下列选项中正确的(　　)。

(A)项目包分解项目在可研评审完成后,经省公司运检部审核同意,各项目单位方可组织实施

(B)省公司发展部、财务部在项目审核同意后,3个工作日内完成项目编码推送和预算发布工作

(C)各项目单位在编码推送和预算发布后3个工作日内在ERP系统中完成项目创建工作

(D)各项目单位及时在PMS系统中录入项目基本信息、可研等,并上报省公司运检部

答案:ABC。

18. 生产技改备用项目包管理流程中,关于项目实施过程管理的描述,下列选项中正确的是(　　)。

(A)各项目单位运检部应按照生产技改项目管理流程,优先匹配协议库存、框架招标结果,组织开展项目设计和现场施工

(B)工程完工后,各项目单位运检部会同营销部组织项目验收

(C)各项目单位运检部应开展服务和物资招标采购,优先匹配框架招标结果、协议库存或利用备品备件

(D)各项目单位运检部组织开展施工图设计,组织现场施工、验收等,保证项目及时完成

答案:ABCD。

19. 生产技改备用项目包管理流程中,关于结算及决算转资的描述,下列选项中正确的是(　　)。

(A)项目包内具体项目竣工后,各项目单位应逐项及时组织完成项目结算

(B)工程完工后,各项目单位运检部会同营销部组织项目验收

(C)配合财务部门当年完成项目决算和转资

(D)各项目单位运检部组织开展施工图设计,组织现场施工、验收等,保证项目及时完成　答案:AC。

20. 生产技改备用项目包管理流程中,关于项目包调整的描述,下列选项中正确的是(　　)。

(A)各单位项目包分解项目不能调整

(B)各单位项目包分解项目原则上不予调整

(C)确因物资招标等客观原因造成预算偏差可在公司年度计划和预算调整之前申请调整

(D)确因物资招标等客观原因造成预算偏差可在公司年度计划和预算调整之后申请调整　答案:BC。

21. 项目包管理纳入公司生产技改专业精益化管理评价体系,对各项目单位项目包中项目分解、审批、实施等进行检查,对相关管理工作进行评价考核,考核结果将纳入各单位同业对标评价,下列选项中,关于具体考核指标分解描述正确的是(　　)。

(A)每季度省公司运检部对项目包分解项目规范性和必要性是否满足要求,可研报告、分级评审意见等相关资料是否完备,项目质量是否满足要求等情况进行检查,并将检查情况纳入精益化指标中备用项目包管理中进行考核,对于不满足要求的,每个项目扣 0.5 分,扣完 4 分为止

(B)对于超过 500 万元项目未按照管理规定开展及时备案的,纳入精益化指标中备用项目包管理,每个项目扣 1 分

(C)每季度省公司运检部对项目包分解项目创建情况、里程碑计划编制情况进行检查,并将检查情况纳入技改项目计划管理进行考核

(D)每季度省公司运检部对各项目包分解项目里程碑计划执行情况进行检查,并将检查情况纳入技改项目实施管理进行考核　答案:ACD。

三、判断题

1. 项目包管理遵循“统一管理、随报随批、分批分解”的原则,各项目单位要严格执行国家法律法规、行业和地方政策,落实公司生产技术改造相关通用制度,加强储备、计划、实施和检查考核等全过程管控,确保其发挥应有作用。(√)

2. 项目包可分解为35kV及以下业扩报装配套项目和新增设备隐患治理项目。(√)

3. 因用户新装、增容或变更用电,需要对现有35kV及以下设备进行改造的生产技改项目不包括10kV老旧配变更换。(×)

4. 因用户新装、增容或变更用电,需要对现有35kV及以下设备进行改造的生产技改项目包括为减少停电范围而增加10kV配电线路分段开关。(×)

5. 因用户新装、增容或变更用电,需要对现有35kV及以下设备进行改造的生产技改项目包括35kV及以下整条线路改造。(×)

6. 35kV及以下业扩报装配套项目中,对于新增间隔项目、新增变压器布点,包括设备运行状况良好,仅需对变压器或线路进行增容的。(√)

7. 35kV及以下业扩报装配套项目中,对于新增间隔项目、新增变压器布点,包括需线路全线改造或需对线路干线进行整体改造的。(√)

8. 新增设备隐患治理项目,是指除年度计划下达的项目外,因日常运维工作中发现电网设备存在重大隐患或严重缺陷导致设备运行状态异常并需短期内实施完成的生产技改项目。(√)

9. 新增设备隐患治理项目,包括因不可抗力、自然灾害和设备损坏等引起需紧急实施和需履行国网公司备案程序后方可实施的生产技改项目。(×)

10. 省公司运检部负责组织开展项目包计划和预算规模预测,提出项目包年度计划和预算建议,并根据执行情况提出调整建议;负责项目包分解项目审

批、下达、实施管理和检查考核。(√)

11. 省公司营销部负责35kV及以下业扩报装供电方案及配套技改项目的可研编制管理,负责工程实施用户配合管理工作。(√)

12. 省公司发展部负责将项目包纳入综合计划管理,及时对分解项目下达项目编码。(√)

13. 省公司发展部负责将项目包预算纳入年度预算管理,及时在财务管控系统中发布项目预算。(×)

14. 省公司财务部负责将项目包预算纳入年度预算管理,及时在财务管控系统中发布项目预算。(√)

15. 省公司物资部负责项目包分解项目物资、服务的及时供应。(√)

16. 市公司运检部负责组织开展本单位项目包额度的需求测算工作;负责根据实际需求组织提报项目并审核、批复200万以上项目;负责组织项目实施。(×)

17. 市公司运检部负责所属各县公司提报的项目包项目审核、可研批复,检查、分析和考核项目执行情况。(√)

18. 市公司营销部负责开展35kV及以下业扩报装配套技改项目的预测上报、可研编制,负责项目实施阶段用户配合协调工作。(√)

19. 市公司营销部负责开展10kV及以下业扩报装配套技改项目的预测上报、可研编制,负责项目实施阶段用户配合协调工作。(×)

20. 市公司发策部负责将项目包分解项目纳入综合计划管理。(√)

21. 市公司财务部负责将项目包分解项目预算纳入年度预算管理,及时在财务管控系统中发布项目预算。(√)

22. 市公司物资部门负责配合运检部做好物资、服务招投标工作。(√)

23. 县公司负责提出本单位项目需求提报;负责组织本单位项目实施。(√)

24. 项目包纳入各地市公司年度综合计划和预算安排,各项目单位根据用户报装配套和设备隐患治理实际需要及时提出具体分解项目申请,履行相关审批后,列入各项目单位综合计划和预算。(×)

25. 项目包纳入省公司年度综合计划和预算安排,各项目单位根据用户报装配套和设备隐患治理实际需要及时向省公司运检部提出具体分解项目申请,履行相关审批后,列入各项目单位综合计划和预算。(√)

26. 项目包中的项目按照"分级审查,集中批复"的原则管理。(√)

27. 35kV 及以下业扩报装配套项目由各项目单位营销部组织编制供电方案并同步按照技改管理规定编制项目可研。(√)

28. 新增设备隐患治理项目由项目单位运检部组织编制项目可研,可研报告无须达到初设深度。(×)

29. 200 万元以下项目由市公司运检部组织经研所开展项目可研审查、批复。(√)

30. 200 万元及以上项目由省公司运检部组织省经研院评审、批复,其中 500 万元及以上项目需报国网公司运检部履行备案程序。(√)

31. 项目包允许出现生产技改限上项目。(×)

32. 各县公司项目由省公司运检部统一组织审查,并集中批复。(×)

33. 各省、市公司运检部集中开展项目可研批复工作,每半年度完成项目包分解项目可研批复,并及时将批复文件更新至 PMS 系统。(×)

34. 项目包分解项目在可研评审完成后，经省公司发展部审核同意，各项目单位方可组织实施。（×）

35. 省公司发展部、财务部在项目审核同意后，5 个工作内完成项目编码推送和预算发布工作。（×）

36. 各项目单位在编码推送和预算发布后 3 个工作日内在 ERP 系统中完成项目创建工作。（√）

37. 各项目单位在项目创建后，结合物资、服务招标批次、设备停电计划，5 个工作日内完成编制里程碑计划，并按照里程碑计划组织项目实施。（√）

38. 35kV 及以下业扩报装配套项目，各项目单位运检部应按照生产技改项目管理流程，优先匹配协议库存、框架招标结果，组织开展项目设计和现场施工；工程完工后，会同营销部组织项目验收。（√）

39. 新增设备隐患治理项目，各项目单位运检部应开展服务和物资招标采购，优先匹配框架招标结果、协议库存或利用备品备件；组织开展施工图设计，组织现场施工、验收等，保证项目及时完成。（√）

40. 各单位项目包分解项目原则上不予调整，确因物资招标等客观原因造成预算偏差可在公司年度计划和预算调整之前申请调整。（√）

41. 各单位项目包分解项目不得调整。（×）

42. 关于生产技改备用项目包管理实施细则中，对于超过 200 万元项目未按照管理规定开展及时备案的，纳入精益化指标中备用项目包管理，每个项目扣 0.5 分。（×）

43. 关于生产技改备用项目包管理实施细则中，每季度省公司运检部对项目包分解项目规范性和必要性是否满足要求，可研报告、分级评审意见等相关资料是否完备，项目质量是否满足要求等情况进行检查，并将检查情况纳入精益化指标备用项目包管理中进行考核。（√）